J'AI VÉCU LES CAMPS DE CONCENTRATION

Photographies : Stephan Zaubitzer

18, rue Barbès - 92120 Montrouge
ISBN : 979 1 0363 7181 3
Dépôt légal : janvier 2025
Imprimé par GPS, en Slovénie

FSC www.fsc.org
MIXTE
Papier | Pour une gestion forestière responsable
FSC® C118234

LA SHOAH

J'AI VÉCU LES CAMPS DE CONCENTRATION

trois rescapés racontent

Véronique Guillaud

Bayard Jeunesse

Crédits

Le « dossier » (pages 76 à 92) a été réalisé par Véronique Guillaud, qui remercie Vincent Giraudier, chargé de mission au musée de l'Armée, pour sa précieuse relecture.

Les portraits de 2004 de Simone Lagrange, Cristina Szenberg et André Migdal ont été réalisés par Stephan Zaubitzer. Les objets, les documents et les photos qui illustrent leurs témoignages sont leur propriété. Stephan Zaubitzer a photographié ceux de Simone Lagrange et de Cristina Szenberg pour cet ouvrage.

Iconographie : Philippe Gruault et Sophie Crépon

Couverture : Stephan Zaubitzer et © akg-images.
Page 16 : © SZ Photo / Scherl / Bridgeman Images.
Page 62 : Archiv KZ-Gedenkstätte Neuengamme.
Pages 76-77, 78, 79 (TT News Agency), 80, 82 (bas), 83, 86, 88, 90 (haut et bas), 91 : © akg-images.
Page 81 : © Everett Collection / Bridgeman Images.
Page 82 (haut, gauche) : Granger / Bridgeman Images ; (haut, droite) : archives allemandes.
Page 84 : Tallandier / Bridgeman Images.

Carte (page 89) : Hugues Piolet

Simone Lagrange raconte aussi son histoire dans *Coupable d'être née*, L'Harmattan, 1997.
André Migdal témoigne également dans son livre *Les plages de sable rouge*, Éd. MK2, 2001. De plus, il a écrit un recueil de poèmes, *Poésies d'un autre monde*, Seghers, 1995.

Avant-propos

En 2025, nous commémorerons la libération des camps de concentration, la défaite des nazis et la fin de la Seconde Guerre mondiale. Pour ne jamais oublier les évènements tragiques qui ont mené à l'élimination de plus de 6 millions d'êtres humains, deux femmes et un homme, aujourd'hui disparus, racontent comment ils ont survécu malgré les persécutions.
Leurs voix nous rappellent qu'il ne faut jamais baisser la garde face à la barbarie, d'où qu'elle vienne.

L'éditeur

SIMONE LAGRANGE

déportée à Auschwitz

« Chacun doit essayer de comprendre pourquoi "cela" est arrivé. Pourquoi tant de gens sont restés passifs ? Ces questions nous concernent tous. »

SIMONE LAGRANGE

déportée à Auschwitz

Comme des centaines de milliers de Juifs, j'ai été déportée à Auschwitz au moment même où les Alliés débarquaient en Normandie. La guerre n'était pas finie. Les nazis voulaient nous exterminer en masse et ne laisser aucune trace de la folie de leurs crimes. Pourtant, je suis encore là pour en témoigner. Et rien ni personne n'a jamais pu m'en empêcher.

UNE MAISON GRANDE OUVERTE

En 1936, des grèves éclatent en France. Je n'ai que cinq ans et demi, mais je comprends ce qui se passe. J'habite à Saint-Fons, près de Lyon, avec mes parents et mes cinq frères et sœurs. Les ouvriers réclament plus de vacances, des semaines de travail moins lourdes. Avec ma mère, je vais régulièrement porter du lait, des œufs durs et du pain à mon père et aux autres ouvriers qui occupent l'usine. Au même moment démarre la guerre civile en Espagne, qui oppose les républicains, des gens de gauche, comme mon père, et les troupes du général-dictateur Franco. Mes parents en parlent beaucoup avec mes frères et sœurs aînés. Je suis trop petite pour tout comprendre, mais je sais qu'il y a beaucoup de morts, de blessés, et surtout des réfugiés qui arrivent en France, sans rien. Mon père supporte mal qu'on se fasse tuer ou expulser de son pays pour des idées. Avec ma mère, ils aident les réfugiés espagnols. On ne sait jamais combien on va être à table. Chez nous, les Kadoshe, c'est un peu la maison du bon Dieu.

« NOUS SOMMES JUIFS. »

Mes parents sont très pratiquants et fêtent le shabbat. Comme le veut la tradition, la maison est toujours ouverte ce jour-là pour les gens de passage. Mes parents nous ont appris à respecter toutes les religions. Chaque année à Noël, à la demande du curé, mon père chante « Minuit, chrétiens » à la messe de minuit, car il a une très belle voix. Il considère que cette fête chrétienne est un moment universel. Nous allons toutes les semaines à la synagogue, et je vais aussi au catéchisme avec mes copines. Je sais, par mes parents, que les Juifs ont souvent été malmenés dans l'histoire. Tout le monde autour de moi connaît mes origines. Je ne me sens pas différente. Je n'ai pas eu à subir la haine des Juifs, et je ne connais pas encore le mot « antisémitisme ». Depuis 1938, il y a quelque chose de bizarre dans l'air. Autour de moi, tout le monde discute à voix basse. J'entends de nouveau parler de réfugiés. Mes parents m'expliquent qu'en Allemagne et dans d'autres pays d'Europe, Hitler persécute les Juifs. Ils fuient avec pour seuls bagages une ou deux valises.

« Mes parents m'expliquent qu'en Allemagne, Hitler persécute les Juifs... »

La synagogue est devenue le point de chute des réfugiés qui arrivent à Lyon. Mon père s'y rend presque tous les jours pour les aider. Certains prennent leurs repas à la maison.

Mon père et ma mère après leur mariage. Ce sont des gens modestes et généreux. Mon père, très tolérant, nous apprend à respecter tous les points de vue.

Mes parents, avant la guerre. Je suis à droite sur la photo. Je crois que c'est pour retrouver mon petit frère et ma petite sœur que j'ai trouvé l'énergie de me battre, à Auschwitz et après.

DÉBUT SEPTEMBRE 1939 : HITLER ENVAHIT LA POLOGNE

Tout le monde pense que la France et l'Angleterre vont entrer en guerre contre l'Allemagne. Mes parents me rassurent : l'État français nous protégera, puisque nous sommes français. Le 10 mai 1940, l'armée allemande envahit la France par le nord. Mes parents nous emmènent dans la Drôme, au sud de Saint-Fons. Quelques semaines plus tard, nous rentrons à la maison.

L'armistice, signé entre Hitler et le maréchal Pétain le 17 juin 1940, met fin aux combats et coupe la France en deux : au nord, une zone occupée par les Allemands ; au sud, une zone dite « libre », administrée par le gouvernement du maréchal Pétain. En réalité, les Allemands sont maîtres de tout le pays.

« LES JUIVES, LEVEZ LA MAIN ! »

Jusqu'en 1942, notre vie ne change pas beaucoup. Sauf que les magasins manquent de tout et que la nourriture est rationnée. Puis, un jour de 1942, il faut passer à la mairie, pour faire tamponner le mot « Juif » sur nos papiers d'identité. En zone occupée, les Juifs sont obligés de porter l'étoile jaune comme signe distinctif. Désormais, on essaie de faire de nous des gens différents. Même l'administration française se prête au jeu des Allemands. Peu de temps après, l'armée allemande envahit aussi la zone sud. On ne voit plus mon institutrice, qui s'invitait souvent à la maison. Un matin, à l'école, elle dit : « Les Juives, levez la main ! » D'autorité, elle nous saupoudre les cheveux d'un puissant insecticide, prétextant que nous avons des poux. Je rentre en larmes, la tête toute

« Un jour de 1942, il faut passer à la mairie, pour faire tamponner le mot "Juif" sur nos papiers d'identité. »

blanche. Pendant que ma mère me lave les cheveux, mon père me console : avec une telle tête de clown, il vaut mieux rire, dit-il. Tous les matins, avant de nous envoyer au fond de la classe, la maîtresse vérifie la propreté de nos ongles. Quel que soit leur état, nous avons droit à des coups de règle sur les doigts. Un matin, je cours directement à mon pupitre pour éviter cette humiliation. Furieuse, elle m'ordonne de venir auprès d'elle. Comme je refuse, elle s'avance vers moi, et je lui balance un encrier à la figure. C'est ma première révolte. Plus tard, ce type de réaction m'aidera à survivre dans les camps de la mort. C'est aussi ma première victoire, car plus jamais elle ne m'a saupoudré les cheveux.

SECOURISTE ET RÉSISTANTE

J'ai douze ans maintenant, et j'ai envie d'aider les autres, comme mes parents. Avec trois camarades, Yves, Jacques et Maurice, je passe mon diplôme de secouriste. Nous aidons les personnes âgées et les enfants à rejoindre les abris souterrains pour se protéger des bombes. Notre brassard nous permet de sortir la nuit, malgré le couvre-feu. Les rues sont vides, c'est l'occasion pour nous de glisser dans les boîtes aux lettres des tracts contre les Allemands ou contre le gouvernement du maréchal Pétain, qui collabore avec eux. À la demande du curé, nous accueillons souvent à la maison deux filles d'une famille de quatorze enfants qui a vécu l'exode en 1940 : après l'invasion allemande au nord, la population civile a fui sur les routes, à pied, à vélo, en voiture, dans la panique. La mère de ces deux filles a été tuée dans un bombardement. Depuis un an, Jeanne, quinze ans, et Paulette, seize ans, viennent plusieurs fois par semaine à la maison pour s'immerger dans une ambiance familiale. En 1943, Jeanne épouse Georges, le fils de la concierge. Georges, son frère Jean et mon père transportent des valises d'armes ou de documents secrets pour la Résistance. Mais Georges est arrêté par la Gestapo, la police allemande. Une semaine après, c'est au tour de Jean, puis à celui de ma sœur Phiby, avec deux de ses amies. Nous apprenons qu'elle est torturée dans les caves de la Gestapo à Lyon, mais nous n'avons aucune nouvelle d'elle. Nous n'en aurons plus jamais.

LA TRAHISON DE JEANNE

À la fin du mois de mai 1944, les bombardements s'intensifient. Le 6 juin 1944, les Alliés débarquent sur les côtes normandes. Dans la rue, on ne parle que de libération et de victoire. Hélas, pour nous, ce jour de joie se transforme en jour d'horreur.

Ce jour-là, Jeanne va voir Georges à la prison. De retour à la maison, en larmes, elle raconte qu'il a été torturé, qu'on lui a arraché les ongles et écrasé les mains. Maman la console en lui disant que cette sale guerre sera bientôt finie. À ce moment, nous entendons des coups à la porte. Un soldat nous demande avec un accent allemand : « Vous êtes bien la famille Kadoshe ? » Aussitôt, Jeanne se jette dans ses bras et confirme : « Oui, ce sont bien eux! » Il est environ 18 heures.

« ATTENTION, ELLE VA S'ÉCHAPPER ! »

Il nous faut quelques secondes pour réaliser, hébétés, que c'est Jeanne qui nous a dénoncés ! Comment elle, que maman considère comme sa propre fille, a-t-elle pu faire cela ? J'apprendrai plus tard qu'elle nous

Ma sœur Phiby et ses enfants : Simon, Jojo et Anita. Après son arrestation par la Gestapo, la police allemande, on ne l'a jamais revue. Mes neveux, Simon et Jojo, ont été déportés à Auschwitz et gazés dès leur arrivée. Quant à Anita, je l'ai recueillie à la maison, à mon retour de déportation.

« Le 6 juin 1944, les Alliés débarquent sur les côtes normandes. Hélas pour nous, ce jour de joie se transforme en jour d'horreur. »

a vendus pour une grosse somme d'argent, comme elle l'avait déjà fait pour Georges et Jean. Depuis longtemps, elle est aussi la maîtresse de Goetzmann, l'homme qui vient de nous arrêter.
Jamais auparavant je n'avais compté les marches de l'escalier. Maintenant, je le sais, il y en a dix-huit. Sur le palier, une voisine essaie de m'attraper pour me cacher. Jeanne crie : « Attention, elle va s'échapper ! » Je lui donne un grand coup de pied : elle dévale les dix-huit marches.

L'HOMME AU PETIT CHAT GRIS

Jetés dans une Peugeot, nous sommes conduits au siège de la Gestapo de Lyon, place Bellecour. Une femme en costume gris nous pousse dans une salle, chacun contre un mur. Arrive un homme en civil, avec un petit chat dans les bras, les lèvres pincées, le regard froid. Il demande à ma mère si elle a d'autres enfants. Elle acquiesce. Il veut savoir où ils se trouvent, mais nous l'ignorons. La mairie a expédié les enfants à la campagne pour les protéger des bombardements qui s'abattent sur Lyon.
Un éclair de colère lui traverse les yeux et, faisant un pas vers moi, il me dit : « Et toi, ma fille, veux-tu me dire où se trouvent tes jeunes frère et sœur ? » Comme je ne réponds pas, il enroule mes longs cheveux autour de sa main et tire de toutes ses forces. Puis il me gifle et me relâche brusquement. Je tombe par terre en pleurant.
Nous venons de faire la connaissance de Klaus Barbie, le chef de la Gestapo de Lyon, appelé aussi « le boucher de Lyon », à cause de sa barbarie.
J'ai à peine le temps de me relever qu'on nous traîne dans l'escalier tous les trois, pour nous embarquer dans une voiture, qui nous mène à la prison. Deux soldats entraînent mon père dans le « bâtiment des Juifs », où l'on enferme les Juifs qui font de la résistance. Ma mère et moi, on nous

flanque dans une cave. Toute la nuit, maman me serre contre elle en me caressant les cheveux. Je finis par m'assoupir. Au milieu de la nuit, nous sommes réveillées par des hurlements. À travers le soupirail, on voit des soldats allemands courir dans tous les sens. Des camions bâchés déversent des dizaines de gens apeurés. Des enfants appellent leurs parents en pleurant. Je reconnais des amis et des voisins de Saint-Fons.

DES GIFLES ET DES COUPS

Au petit matin, on nous conduit dans une cellule. Vers 9 heures, on entend un bruit de verrou. Barbie se tient devant nous, les lèvres pincées. Il dit à ma mère : « La nuit t'a porté conseil ? Te rappelles-tu l'adresse de tes enfants ? » Comme elle ne répond rien, il me prend par le bras et m'emmène avec lui. Il me pousse dans une traction avant noire. La voiture se dirige vers la Gestapo. J'ai peur. Dans la même pièce que la veille, Barbie me fixe et me lance : « Alors, ma belle, vas-tu me dire où je peux les retrouver ? » Il m'attrape par les cheveux, me roue de coups et de gifles et me cogne la tête sur le coin du bureau. Quand je m'écroule, il me relève aussitôt à coups de pied dans le ventre. Je perds conscience ; quand je reviens à moi, le sang coule sur mon visage. Plusieurs fois dans la journée, il m'inflige des coups sur mes plaies. Le soir, en me ramenant à la prison, il dit à ma mère : « Tu vois ce que tu fais de ta fille ? Si tu voulais enfin parler, ce serait fini ! » Je tombe dans les bras de maman. J'ai besoin de sa douceur, mais chaque fois qu'elle me touche, je souffre horriblement.

À l'heure de la soupe, je ne peux avaler la moindre bouchée, j'ai envie de vomir.

« Au milieu de la nuit, nous sommes réveillés par des hurlements. Des camions bâchés déversent des dizaines de gens apeurés. »

Le manège dure sept jours. Au bout d'une semaine, un soldat m'emmène dans une autre cellule. Séparée de ma mère, je suis prise d'un chagrin immense. Sans la chaleur et le réconfort de mes compagnes de cellule, je ne sais pas ce que je deviendrais. La nuit, nous sommes dévorées par les punaises. Parfois, nous entendons des coups de feu, tandis que des cellules montent des voix qui chantent *La Marseillaise*. Je n'arrête pas de penser à maman. Barbie s'acharne-t-il sur elle, aussi ?

« MAMAN ME CROYAIT MORTE. »

Et puis, le matin du 23 juin, j'entends prononcer son nom à l'appel, avec le mien. Enfin! Elle me croyait morte. Barbie a réussi à ajouter à la torture physique la torture morale. Sans doute la pire. Il y a foule dans la cour de la prison. Nous cherchons la silhouette de mon père, sans succès. On nous embarque dans des camions pour la gare de Perrache, puis dans des trains pour Paris. Dans la soirée, nous arrivons à Drancy, un camp près de Paris où l'on regroupe tous les Juifs de France. Nous ne savons pas que nous partons pour Auschwitz-Birkenau, le plus grand camp d'extermination de Pologne.
Des centaines de gens sont entassés dans de grandes pièces sans cloisons. Il y a là deux filles : Jacqueline, qui a mon âge, et Marcelle, sa petite sœur. Elles ont été raflées à la sortie de l'école. Maman les prend sous sa protection, tout comme deux autres petites filles, de cinq et six ans : Claudia et Minna. Elles tremblent et se serrent tant l'une contre l'autre que rien ne semble pouvoir les séparer. La nuit, j'entends maman pleurer ; mais le matin, devant nous, elle affiche un sourire calme et rassurant.

Ce pilon est le seul objet qui soit resté dans notre appartement, dévasté par les Allemands et pillé par les voisins. J'y vois comme un signe : depuis plusieurs siècles, il s'est transmis dans la famille de ma mère, de génération en génération. J'étais très émue de le retrouver.

Le camp de Drancy.

Au centre du wagon se trouve la tinette, pour faire ses besoins.
La chaleur devient suffocante.
On se relaie près de l'interstice de la porte pour respirer un peu d'air. Les bébés pleurent, les enfants réclament à boire.
Mais il faut rationner l'eau. Très vite, la tinette commence à déborder. Jacqueline s'endort sur mon épaule. Les mamans chantonnent pour endormir les petits. Moi, je compte les gens pour m'occuper l'esprit. Nous sommes au moins cent, peut-être cent-vingt. Au fil des heures, le wagon sent de plus en plus mauvais.

UN TRAIN POUR L'ENFER

Le 30 juin 1944, nous quittons Drancy. À Bobigny, un train de wagons à bestiaux nous attend. Les SS nous poussent dedans, sous les aboiements des chiens policiers. Plus ils crient, plus les enfants pleurent. Sur le wagon, je remarque une pancarte : « Chevaux : 8. Hommes : 40 ». Vont-ils mettre les chevaux avec nous ? J'en ai toujours eu très peur. J'ignore encore que les hommes sont plus dangereux que les animaux. Brutalement, la porte se referme sur nous, l'obscurité se fait, et le train démarre. Nous sommes tellement serrés que nous sommes obligés de nous asseoir à tour de rôle, les jambes écartées, car cela fait plus de place.

UNE PRIÈRE POUR LES MORTS

Tout à coup, dans la nuit, un cri terrible s'élève : celui d'une femme dont le bébé vient de mourir étouffé. Elle continue, hagarde, à le bercer. Puis un homme est victime d'une crise cardiaque. Peu à peu, on glisse les morts au fond du wagon. J'ai honte de le dire, mais nous sommes presque soulagés : les morts font de la place aux vivants. Sommes-nous encore

> *« Nous sommes au moins cent, peut-être cent-vingt. Au fil des heures, le wagon sent de plus en plus mauvais. »*

des êtres humains pour ne plus les pleurer ? Les hommes récitent tout bas la prière des morts. Certains disent qu'il faut garder la foi. Moi, je veux bien, mais il est où, Dieu, dans tout ça ?

LA SÉLECTION

Au bout de cinq jours et quatre nuits, le train finit par s'arrêter. Des SS nous font descendre sur un quai à coups de trique. Nous découvrons un monde bizarre : des gens en pyjama rayé gris et bleu, maigres, les yeux vides. Ils semblent être sous la surveillance d'individus mieux habillés, plutôt gras. Les vieillards et les enfants doivent se mettre en file d'un côté pour aller aux douches en camion, évitant ainsi la fatigue de la marche. Du moins, c'est ce que prétendent les SS. Un homme à l'habit rayé fait un signe à ma mère. De ses mains, il dessine le chiffre seize, en me montrant. Maman comprend tout de suite : il y a un danger pour les plus jeunes enfants. Un SS s'approche de nous, prend la main de Marcelle, de Claudia et de sa sœur Minna. Puis il veut nous pousser, Jacqueline et moi, vers les camions qui attendent. Ma mère montre avec ses doigts que nous avons seize ans. En réalité, j'ai treize ans et demi. Je viens de vivre ma première « sélection ». Dès le premier soir au camp, nous apprenons que les SS se débarrassent de ceux qui n'ont pas assez de force pour travailler. Les autres peuvent encore servir de main-d'œuvre gratuite quelques jours ou quelques semaines, jusqu'à l'épuisement total.

UNE CRUAUTÉ REDOUTABLE

Après la sélection, les SS séparent les hommes et les femmes pour les envoyer dans deux parties distinctes du camp. Avec maman, Jacqueline et les autres femmes du convoi, on nous emmène dans un bâtiment sale et triste, où les kapos nous font déshabiller. Nous apprendrons vite à connaître ces gardiennes d'une cruauté redoutable. Des détenues pour la plupart, condamnées pour vol ou assassinat et désignées par les SS pour nous surveiller. Ordre nous est donné d'enlever nos bijoux. Je quitte avec regret ma petite bague de corail en forme de fleur, avec des perles au milieu. Tout atterrit dans leurs poches. L'une d'elles nous fait ouvrir la bouche pour mettre de côté celles d'entre nous qui ont des dents en or. Puis on nous remet un paquet avec des vêtements humides et sales et une paire d'espadrilles.

TONDUE ET RÉDUITE À UN NUMÉRO

Toujours nues, on nous conduit dans une autre baraque pour nous asperger de liquide désinfectant et on nous rase de la tête aux pieds, sans oublier nos parties les plus intimes. Je sanglote en voyant mes beaux et longs cheveux par terre. Une femme SS les ramasse, toute contente : « Ceux-là, je les garde pour m'en faire des tresses. » Ma mère caresse doucement mon crâne rasé en me rassurant : « Tu verras, ça repousse encore plus beau ! » Puis on nous tatoue un numéro sur le bras. Je deviens le « A 8624 ».

« Vous êtes entrées par la porte, vous ne sortirez que par la cheminée. »

Je suis exténuée, pourtant une force incroyable m'envahit : je presse sur les chiffres de mon bras pour en faire sortir l'encre. Je ne veux pas être réduite à un numéro. Un SS me tire brusquement vers lui, me met à plat ventre sur un tabouret. Avec sa schlague, une sorte de cravache, il me fouette encore et encore. Je peux à peine me relever. Sur le dos de ma robe, on a déjà cousu une cible avec une grande croix. Ce qui signifie que je suis une « ciblarde », une personne dangereuse, à surveiller de près. Puis nous rejoignons le bloc de « quarantaine » où l'on isole les nouvelles arrivantes, de peur qu'elles ne répandent des maladies dans le camp.

LES FOURS CRÉMATOIRES

Le soir, l'horizon se teinte en violet et rouge, avec de longues traînées grisâtres. Une fumée se répand dans

le ciel, dégageant une odeur âcre et sucrée. Arrivée au bloc, je vois de grandes cheminées, d'où sort cette épaisse fumée. Une kapo nous informe que ce sont des fours crématoires. Les SS y brûlent les cadavres des vieillards et des enfants, après les avoir asphyxiés dans des chambres à gaz. « Vous êtes entrées par la porte, vous ne sortirez que par la cheminée », ajoute-t-elle.
Minna, Claudia, Marcelle... Elles sortent donc en fumée, là-haut ? Je n'arrive pas à y croire. Encore maintenant, je supporte mal l'odeur d'un barbecue ou d'un moustique qui grille sur une lampe.
Dans le bloc, les détenues s'entassent à plusieurs sur des planches scellées au mur, superposées sur trois étages. Ce sont nos futurs lits, les « châlits ». Les paillasses sentent très mauvais. Un peu plus tard, il faut sortir sur la place d'appel pour un cérémonial qui se renouvellera tous les jours, matin et soir.
Les kapos et les SS nous comptent et recomptent, parfois pendant des heures. Mes plaies me font souffrir, je sens la fièvre monter. Mais il faut rester droite, sans bouger. Un vrai supplice. De retour à la baraque, je m'endors dans les bras de maman.

Sur mon bras, on lit encore le numéro de matricule gravé dans ma chair à Auschwitz : « A 8624 ». Il ne s'effacera jamais, pas plus que ne s'effaceront de ma mémoire toutes les horreurs que j'ai vécues.

GAZÉE LE JOUR DE LA LIBÉRATION DE PARIS

Soudain, des coups de sifflet, des cris : déjà l'heure du lever. Un liquide infâme nous est distribué en guise de café. Je contemple l'immensité de Birkenau, ou Auschwitz II, ce camp construit depuis peu par les nazis, juste à côté d'Auschwitz I, pour nous exterminer plus vite. Dès notre arrivée au camp, les autres déportées nous ont mises au courant. Des kilomètres de baraques s'alignent à perte de vue, de hautes cheminées se découpent dans le ciel, des barbelés électrifiés encerclent le tout. Au bout de huit jours, on nous emmène à l'extérieur du camp pour faire des travaux de terrassement. Il m'arrive de m'endormir debout sur ma pelle. Si l'on me voit, je risque la mort. Le soir, le chemin du retour me semble interminable. En voyant mes écorchures, maman fait tout pour m'intégrer à son kommando de travail, qui entretient le potager des SS. Quelques jours plus tard, deux détenues de l'infirmerie demandent à maman de voler quelques feuilles de verdure pour nos compagnes atteintes du scorbut. C'est une maladie fréquente dans le camp, à cause du manque de légumes. Dès le lendemain, et pendant plusieurs jours, maman et moi, nous cachons des feuilles de choux sous notre robe. Mais maman est dénoncée par une femme de notre bloc et frappée jusqu'au sang, puis envoyée à la chambre à gaz. Ma petite maman, réduite en cendres ? C'est un cauchemar. J'ai trop besoin d'elle. Je voudrais mourir, moi aussi, me jeter contre les barbelés électrifiés. Pourtant, très vite, je pense à mon petit frère et à ma petite sœur. Non, il faut vivre. Une volonté plus forte que tout me pousse vers eux. Maman a été gazée le 23 août 1944, le jour où Paris se libérait !

« JE VEUX TE VOIR PLEURER. »

À l'arrivée dans le camp, Jacqueline et moi, nous nous disions jumelles. Les déportées nous ont mises en garde : ici, le docteur Mengele, un médecin SS, se livre à des manipulations génétiques sur les jumeaux. Depuis, nous ne prononçons plus jamais ce mot. Mengele inocule aussi aux enfants des maladies, comme la tuberculose, pour observer leur réaction, puis il les laisse mourir dans d'atroces souffrances. C'est lui, aussi, qui se charge des « sélections » au jour le jour. Du bout de sa cravache, il désigne celles qui, d'après lui, ne méritent plus de vivre. Des filles âgées de seize, dix-sept ans. En partant, tête baissée, elles nous supplient d'en témoigner plus tard, si nous sortons de là.
Mengele passe partout sans qu'on le voie et il est au courant de tout. Sachant que ma mère a été gazée, il s'approche de moi. En tapotant sur

« *Je réalise tout à coup que je viens d'échapper de justesse à la mort.* »

ses bottes luisantes, il me lance en français : « Je veux te voir pleurer. » Je lui réponds : « Tu peux toujours crever. » Je n'en reviens pas de mon culot. Je pleure beaucoup dès qu'il tourne les talons, mais surtout pas devant lui.
Quelques jours plus tard, arrive dans le camp un train plein de petits Hongrois. Les SS les font mettre en rangs et leur distribuent des ballons. Mengele joue avec eux, il les fait même rire. Puis il nous fait creuser une fosse. Il donne ordre aux SS d'y pousser les enfants et y fait mettre le feu avec de l'essence. Jamais je n'oublierai ce spectacle d'épouvante.

LA MORT PARTOUT

Un jour de « sélection », Mengele me dit : « Tu es encore trop grasse pour aujourd'hui, je te garde pour la prochaine fois. » Et il choisit d'autres détenues. Tout à coup, je tombe à terre. Il éclate de rire, me saisit par le bras et me dit : « Eh bien, tu ne veux pas les quitter ? Va donc avec elles ! » Son secrétaire inscrit mon matricule sur sa feuille. Tout est fini. Ce jour-là, c'est mon anniversaire, j'ai quatorze ans. Je n'en aurai jamais quinze.
Je me souviens de la phrase entendue à notre arrivée : « Tu entres par la porte, tu sortiras par la cheminée. »
Dans le camion qui nous emmène, certaines prient à voix basse, d'autres chantent *La Marseillaise*. Hier ou avant-hier, des déportées russes entonnaient *L'Internationale*.
Moi, je m'accroche à l'idée que je vais retrouver ma petite maman.
On s'arrête devant la chambre à gaz. À coups de schlague, on nous pousse dans une pièce froide comme une tombe. J'entends un ordre : il faut se mettre au garde-à-vous. Obéir, alors que je vais mourir ? Sûrement pas ! Une énorme claque me fait sortir de mes pensées.
- Debout ! me crie un SS.
- Je ne veux pas.
- Pourquoi ?
En voyant son visage devenir écarlate, je me mets à rire nerveusement.
Je n'ai plus rien à perdre et ne peux m'empêcher de lui dire combien je suis heureuse d'aller retrouver ma mère.
- Puisque c'est comme ça, dehors ! me hurle-t-il en me flanquant à la porte.

« En cachette, Sonia me fait laver à l'eau chaude. Un luxe inconnu depuis plusieurs mois. »

Il fait nuit. Je me retrouve nue sous la neige, avec une couverture crasseuse. Le ciel charrie ces odeurs de chair brûlée qui me retournent le cœur. Je réalise tout à coup que je viens d'échapper de justesse à la mort. Je cours jusqu'au bloc. Mes camarades n'en croient pas leurs yeux. Personne n'a jamais survécu à une sélection. Ma compagne Macha, qui m'a adoptée depuis la mort de maman, me cache dans son châlit, sous sa couverture. Pendant quatre jours, je partage sa soupe. En principe, je suis rayée du monde des vivants, et je n'ai plus droit à aucune ration. Macha me convainc de quitter le bloc, car Mengele risque de me remettre la main dessus. Elle est médecin et travaille à l'infirmerie, qui se trouve près de la chambre à gaz. Elle réussit à récupérer mes vêtements et, grâce à une de ses camarades, elle se débrouille pour me faire passer à Auschwitz I.

DES SANDALES DANS LA NEIGE

Les autorisations en poche, vraies ou fausses, je ne le saurai jamais, Macha me confie à Sonia, la responsable du bloc où je vais vivre. En cachette, Sonia me fait laver à l'eau chaude. Un luxe inconnu depuis plusieurs mois. Mes cheveux ont

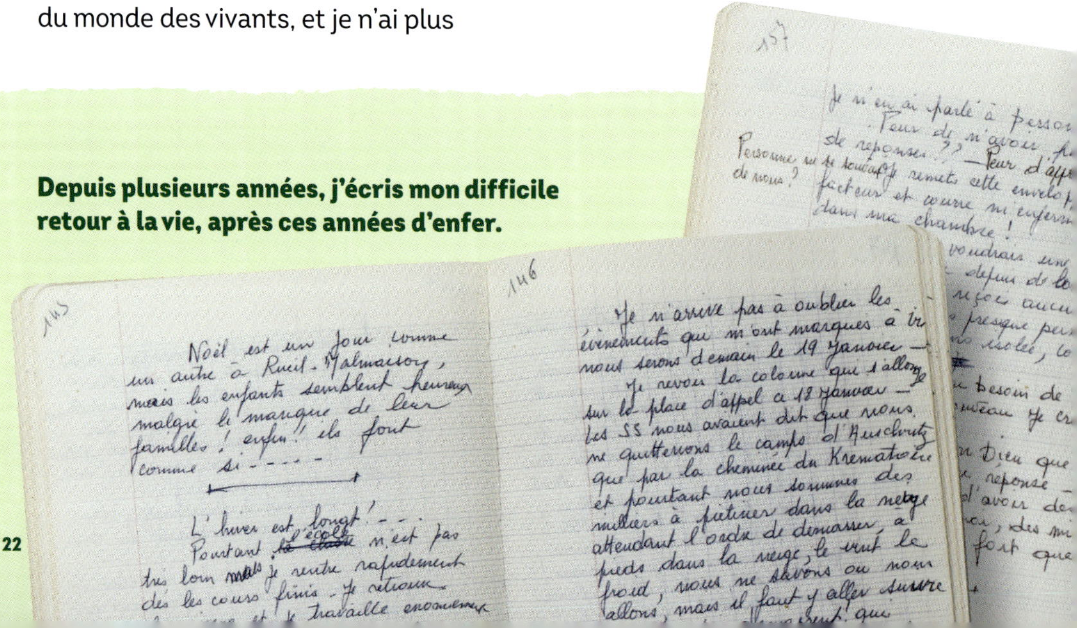

Depuis plusieurs années, j'écris mon difficile retour à la vie, après ces années d'enfer.

repoussé, ils grouillent de poux : demain, j'aurai droit à la tonte. Ô bonheur, je retrouve Jacqueline, dont j'étais séparée depuis plusieurs jours. Le lendemain, après une heure de marche en sandales dans la neige, on nous conduit dans une usine nommée « L'union ». On y fait de l'assemblage de pièces pour les fusées allemandes. Au retour, dans la baraque, on se soutient le moral comme on peut. Un soir, une fille s'entortille un chiffon sur la tête et se met à danser la biguine, une danse antillaise. Nous rions beaucoup. Cette même nuit, nous sommes réveillées par des bruits de moteur. Les avions soviétiques ! Les Alliés approchent, enfin !

Le lendemain, sur la place d'appel, une grande fébrilité s'est emparée des kapos et des SS. Sous leurs longues capotes d'uniformes, j'aperçois des vêtements civils. Des rumeurs effrayantes courent : ils ont miné le camp et le feront sauter avec nous dès leur départ. Car rien ne doit tomber aux mains des Alliés : aucun survivant, aucun témoin.
Vers 17 heures, ordre est donné d'arrêter toutes les machines. Dans l'affolement général, on nous fait évacuer le camp. Je demande à un soldat où nous allons, mais je reçois, en guise de réponse, un coup de crosse de fusil dans le dos. Je m'écroule, le souffle coupé. Sonia me relève doucement : « Respire par petits coups, il ne faut pas que tu aies l'air de souffrir, sinon, ils vont te tuer. » Elle m'entraîne

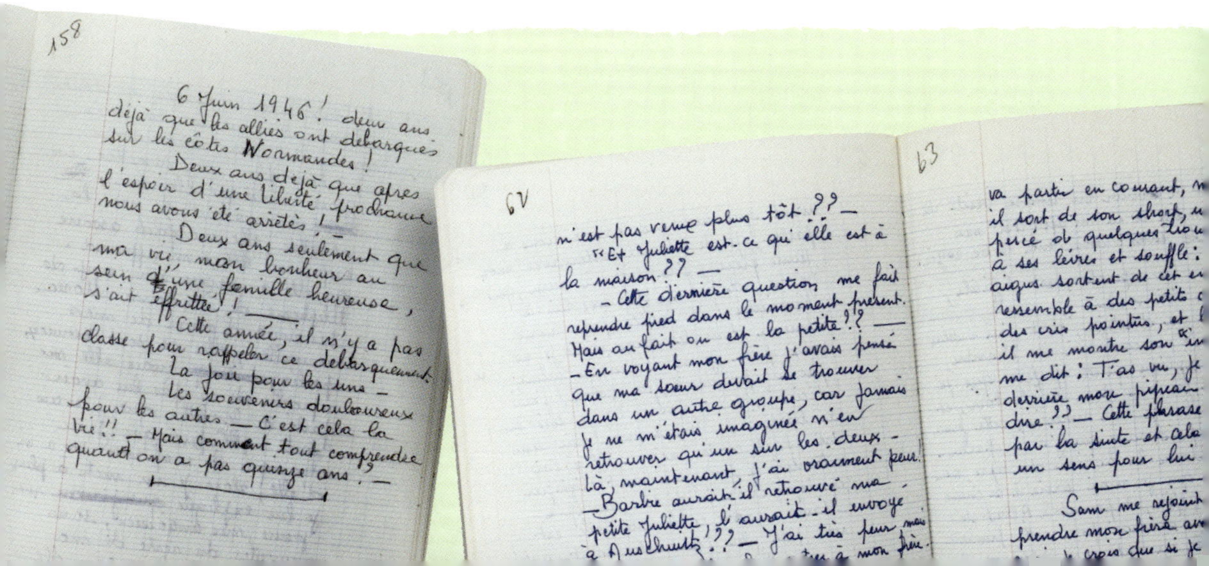

sous son bras dans la colonne de déportés qui se met en route. Nous entamons ce que nous nommerons plus tard la « marche de la mort », dans le froid, la faim, la peur. Celles qui faiblissent sont abattues immédiatement.

« MON PÈRE ! C'EST LUI ! »

Nous marchons toute la nuit. Le lendemain, les rangs sont déjà clairsemés. Une autre colonne de déportés se dirige vers nous. J'aperçois une longue silhouette. Mon cœur bat très fort : on dirait mon père. Ils ralentissent. C'est bien lui ! Il tourne la tête vers moi. Je vois dans son regard qu'il me reconnaît, malgré ma maigreur et mes cheveux rasés.

Un SS s'approche et lui sourit. Il me demande si c'est mon père. Je lui réponds oui. « Tu veux l'embrasser ? » Il fait signe à mon père de s'avancer et, au moment où je me précipite dans ses bras, il lui tire une balle dans la tête. Je n'arrive même plus à pleurer. Je ne sens plus mon corps. Mon esprit s'envole en même temps que la vie de papa. C'est le rire du SS qui me réveille. Nous sommes le 19 janvier 1945.

Ma vie de petite fille est bel et bien finie. Il faut se remettre en route. Marcher, marcher encore. Mécaniquement. Sans trop savoir comment, ni combien de temps. Pour apaiser notre soif, nous mangeons de la neige. Nous arrivons à Ravensbrück, un camp de déportées politiques. Nous dormons à même le sol, sous une tente où le vent s'engouffre de partout. Quelques jours plus tard, on nous embarque dans un train, pour une destination inconnue. On voit passer des charrettes pleines de cadavres, tirées par des détenues. Dans l'après-midi, il faut se remettre en colonnes sous une pluie glacée. Au bout de quelques heures, nous arrivons dans un autre camp. La nuit suivante, les sirènes retentissent et le ciel se zèbre d'éclairs. Les Alliés bombardent la région. De nouveau, il faut quitter le camp à marche forcée. Le soir, j'entends nos gardiens parler d'un arrêt pour la nuit, dans une forêt. Puis, ces mots : « Il va falloir se débarrasser de ces gens. Les abattre serait la meilleure solution. » La colère me prend. Non, je ne me laisserai pas faire, pas si près du but.

« Il va falloir se débarrasser de ces gens. Les abattre serait la meilleure solution. »

CACHÉES DANS UNE CAVE

En marchant un peu à l'écart, j'aperçois un trou béant entouré de branchages. Personne ne nous a comptées. La nuit venue, j'y entraîne Jacqueline. Quatre camarades nous suivent, dans le plus grand silence. On se terre, blotties les unes contre les autres, retenant notre souffle. Au petit matin, les SS hurlent pour rassembler les troupes. Tout le monde s'éloigne. Ouf, ils n'ont rien vu ! Une demi-heure plus tard, des rafales de mitraillettes percent le silence. Puis plus rien. On ne peut pas rester là. Nous nous dirigeons vers une ferme. Quelques kilomètres plus loin, le long du bois, les corps de nos compagnes sont étendus par terre, troués de balles. Dans la ferme, ce sont des soldats français, d'anciens prisonniers, qui nous accueillent. Ils pleurent à notre vue, nous offrent du lait, puis nous posent plein de questions. Ils restent sans voix devant nos réponses, surtout quand ils apprennent notre âge. Avec Jacqueline, nous faisons une petite balade autour de la ferme. Erreur : des soldats allemands nous repèrent. Nous avons juste le temps de courir pour nous glisser dans le soupirail d'une maison. Sur le sol en terre battue, des cantines militaires et deux énormes tonneaux. Je goûte… C'est de l'eau-de-vie. Jacqueline m'imite, la tête nous tourne, nous sombrons dans le sommeil. Soudain, une porte s'ouvre, la lumière s'allume, un gros soldat allemand descend les marches de la cave. Vite, nous nous agenouillons derrière un tonneau. Il se sert une bonne rasade, remplit une carafe, et repart, dans un grand rot sonore.

En 1946, un an après mon retour d'Auschwitz, je suis déjà bien retapée. Pour faire vivre le reste de la famille, je fais des ménages et je suis des cours de secrétariat. Quelques mois plus tôt, je pesais 22 kg !

En 1947, au parc de la Tête d'Or, à Lyon. Je me suis réinstallée dans l'appartement de mes parents, à Saint-Fons, avec mon frère, ma sœur et ma nièce Anita.

La villa où nous avons trouvé refuge n'est rien d'autre que la Kommandantur ! Trois jours plus tard, les Allemands plient bagage : les troupes soviétiques arrivent. Le lendemain, les soldats russes investissent les lieux. À notre vue, et à notre récit, leurs yeux se brouillent aussi. Je me regarde dans une glace. Est-ce bien moi ?

RETROUVAILLES À L'ORPHELINAT

Notre périple va encore durer trois semaines. Le temps de franchir la zone russe, la zone américaine, et enfin la zone anglaise, d'où des soldats nous font rapatrier en France. Le 27 mai 1945, Jacqueline m'emmène chez ses parents à Versailles. Sont-ils encore en vie ? Nous sonnons, le cœur battant. Sa mère s'évanouit en nous voyant. Nous n'osons pas dire à ses parents, qui nous questionnent sur Marcelle, qu'elle a été gazée dès notre arrivée à Auschwitz. Finalement, c'est nous qui protégeons les adultes ! Ils nous font un lit douillet ; mais, après tant de mois à dormir sur du bois ou par terre, nous ne supportons pas les matelas. Moi, je n'ai qu'une idée en tête : retrouver mon petit frère et ma petite sœur. Après plusieurs mois de recherches, je les repère dans des

orphelinats. Ils ne me reconnaissent qu'à mon regard. Avec eux, je reprends la direction de Saint-Fons, où je veux vivre à nouveau.
Dans notre appartement, les portes des placards sont grandes ouvertes et les matelas éventrés. Tout a été pillé. Seul reste, sur la table, le pilon transmis depuis plusieurs siècles dans la famille de ma mère, de fille aînée en fille aînée. Très émue, je le serre fort dans mes mains. Anita, la petite fille de ma sœur Phiby, vient vivre avec nous. Ses deux frères, Jojo et Simon, ont été gazés à Auschwitz. Je fais des ménages pour faire bouillir la marmite et je m'inscris à des cours de secrétariat. Quelques mois plus tard, la Sécurité sociale m'embauche. Chaque jour, je prends un tramway où je discute avec un charmant contrôleur… qui deviendra mon mari. Nous nous marions le 4 novembre 1947, et nous commençons notre vie de couple à cinq ! Le 4 octobre 1948 naît notre premier enfant. Au retour d'Auschwitz, un médecin lyonnais m'avait dit que je ne pourrais jamais avoir d'enfant : mon organisme était trop abîmé par la déportation.
Nous en aurons sept, et je crois que c'est un peu ma revanche sur la vie !

Robert et moi, nous nous sommes mariés le 4 novembre 1947.
Il est entré dans la Résistance à 15 ans !
Nous voulons former une famille, redonner raison à la vie.

« Un médecin m'avait dit que je ne pourrais jamais avoir d'enfants. Nous en aurons sept. C'est ma revanche sur la vie ! »

Les nazis ont voulu nous exterminer tous. Mais moi, je suis revenue et j'ai fait le serment de ne rien laisser dans l'oubli. Le 11 mai 1987 démarre le procès de Klaus Barbie, le chef

Sur l'écran de télévision, c'est moi, en 1987, lors du procès Barbie. Alors que du public montent des sanglots devant l'horreur des récits des déportés, jamais, au cours des trente-sept audiences de son procès, Barbie n'exprimera le moindre remords. Le « boucher de Lyon » sera condamné à perpétuité.

« Je parle aussi au nom de mes camarades, qui sont restées pour toujours en poussière dans la terre d'Auschwitz... »

de la Gestapo, qui m'a torturée alors que j'étais encore une petite fille. Une nouvelle occasion de témoigner de l'horreur nazie, cette fois devant le monde entier. Me retrouver face à face avec mon bourreau, lui montrer que je n'ai pas perdu ma dignité est important pour moi. J'ai l'habitude de raconter mes souffrances, mais, tout à coup, mon cœur bat plus fort. Je me mets à raconter des choses jusque-là enfouies loin dans ma mémoire. Mon frère et ma sœur apprennent la vérité sur la mort de nos parents. Je n'avais pas trouvé le courage de leur donner autant de détails. Au-delà de mon propre récit, je parle aussi au nom de mes camarades, qui sont restées pour toujours en poussière dans la terre d'Auschwitz, et des six millions de Juifs dont les nazis auraient voulu qu'on ne parle plus jamais. Depuis près de soixante ans, je témoigne auprès des jeunes. Sans aucun désir de vengeance. Ce serait dérisoire. Par contre, chacun doit essayer de comprendre pourquoi « cela » est arrivé. Pourquoi tant de gens sont restés passifs ? Ces questions nous concernent tous. Car la peur, la lâcheté, l'intolérance sont tapies en chacun de nous. Le piège est toujours là. Ma vraie revanche, c'est de continuer à parler, alors que les nazis ont tout fait pour me faire taire. C'est ce que j'appelle mon « devoir de mémoire ».

Simone Lagrange

Simone Lagrange écrit *Coupable d'être née* en 1997 (Éd. L'Harmattan). Elle est décédée le 17 février 2016, à 85 ans et aura témoigné toute sa vie de ce qu'elle a vécu.

CRISTINA SZENBERG

rescapée du ghetto de Varsovie

« Mes blessures restent inscrites dans ma chair et dans ma tête.

Cependant, je n'ai jamais enseigné à mes enfants la haine des Allemands, ni de personne. »

CRISTINA SZENBERG

rescapée du ghetto de Varsovie

Aujourd'hui, je suis française et je m'appelle Cristina. Officiellement, je suis née en 1927. Mais avant la Seconde Guerre mondiale, en 1939, j'étais polonaise, je m'appelais Paula, et j'habitais dans le quartier juif de Varsovie. Je suis née, en réalité, en 1925. Mon changement d'identité ne relève pas d'une coquetterie quelconque. Sans cela, je n'aurais peut-être pas survécu au massacre des Juifs polonais.

UNE FILLE GÂTÉE

Avec mes parents, mon frère, Heniek, et ma sœur, Barbara, nous habitons dans le quartier juif de Varsovie, à la limite du quartier catholique. Je suis l'aînée. Mon père a créé une fabrique de gants de luxe qui marche très bien. Il va souvent à Berlin, où ce genre d'articles est très recherché. Il y a d'ailleurs suivi des études d'ingénieur. Il a aussi un contrat avec l'armée polonaise, et fait même des affaires à Paris. Ma mère tient la caisse et fait la comptabilité. Ils ont embauché une bonne allemande, Elsa, et une gouvernante polonaise, Ida, pour s'occuper de nous, car ils travaillent dur.

« J'ai des parents formidables ; j'ai l'impression d'être la plus heureuse des filles. »

Jusqu'à l'âge de onze ans, je vais à l'école communale, fréquentée par des juifs et des catholiques, sans que personne fasse de différence. Dans mon lycée, par contre, il n'y a que des filles juives, mais je garde plein de copines catholiques. Le week-end, on va au cinéma, au théâtre ou à l'opéra. Mon père a une très belle voix de ténor et il chante souvent à la maison ou chez des amis. Moi, j'aime lire, apprendre des poésies, et j'adore danser. À l'âge de neuf ans, mon père m'inscrit au cours de danse, en cachette, parce que ma mère craint que je ne délaisse mes études. Un jour, il l'emmène à l'opéra, et lui dit : « Tu vas avoir une grande surprise. » Elle me voit danser sur scène pour la première fois, et elle doit reconnaître que je suis douée. J'ai des parents formidables ; j'ai l'impression d'être la plus heureuse des filles.

Mes parents se sont mariés jeunes. Je les ai toujours trouvés beaux et élégants. Ils adorent sortir, au cinéma, au théâtre, à l'opéra.

Mes parents, avant la guerre. Ma mère, très chaleureuse, est aussi une femme de caractère, assez autoritaire. Après la mort de mon père, elle s'est retrouvée seule avec nous trois. Sa forte personnalité nous a peut-être sauvés.

« ON NE RISQUE RIEN EN POLOGNE. »

Je ne vois pas vraiment venir la guerre, si ce n'est à travers quelques bribes de conversation saisies dans le magasin de mon père. Un jour, des Juifs allemands parlent de Hitler et des persécutions qu'ils ont subies. Je les entends dire, en polonais : « Méfiez-vous, partez, ils vont vous faire la même chose. » Lorsque je questionne mon père, il me dit de ne pas m'inquiéter : d'après lui, en Pologne, on ne risque rien.

En 1925, je n'ai que quelques mois. Un an et demi plus tard, j'aurai un petit frère, Heniek. Ma sœur Barbara a six ans de moins que moi. C'est la seule photo qui me reste de mon enfance.

DES BOMBES SUR LE QUARTIER

En août 1939, j'ai treize ans et demi. Comme chaque année, nous passons l'été à la campagne, à 30 kilomètres de Varsovie, avec la gouvernante et la bonne. Pendant la semaine, mes parents travaillent au magasin, et ils viennent nous rejoindre le week-end. À la fin du mois, pourtant, ils arrivent au beau milieu de la semaine : il faut rentrer tout de suite à Varsovie, la guerre va sans doute éclater.

Dans l'appartement, nous collons du papier foncé sur les carreaux pour cacher la lumière, en nous disant que moins les avions nous verront, moins ils nous bombarderont. Deux jours plus tard, les bombes tombent sur tout le quartier, dans un bruit de tonnerre épouvantable. À chaque alerte, nous prenons l'habitude de descendre dans la cave avec tous les gens de l'immeuble. Je déteste ça. J'ai peur, on est serrés, et je trouve que les gens sentent mauvais. Par précaution, mon père a stocké de la nourriture dans la chambre de mon frère. Il pense que nous allons vivre des jours difficiles. Une fois, un cheval, tirant une charrette, s'écroule sous les bombes. Tous les gens du quartier se précipitent pour en découper la viande.

« D'autres interdictions tombent pour les Juifs : celles de porter des manteaux de fourrure alors qu'il fait très froid en Pologne, d'avoir une radio... »

ÉCOLE INTERDITE AUX JUIFS

Au bout de trois semaines, les bombardements cessent enfin. Partout autour, il y a des ruines, mais notre immeuble est épargné. L'armée allemande entre dans Varsovie.
Les soldats se montrent plutôt polis avec nous, ils nous draguent même un peu, gentiment. Avec mes copines, on pense que la vie va reprendre normalement. On recommence à sortir ensemble, au cinéma, dans les jardins publics.
Depuis un mois environ, des affiches collées dans la rue annoncent que l'école est désormais interdite aux Juifs. Je ne comprends vraiment pas pourquoi. Jour après jour, d'autres interdictions tombent pour les Juifs : celle de porter des manteaux de fourrure (il fait très froid en Pologne, l'hiver), d'avoir une radio, etc. Il faut rapporter radios et manteaux à la Kommandantur, le commissariat allemand.
Mon père commence à cacher des centaines de gants dans l'arrière-boutique et dans les faux plafonds de l'appartement. Je peux dire aujourd'hui que ces gants nous ont sauvé la vie.
Sous les bombes, les canalisations ont éclaté. Tous les jours, avec Elsa et Heniek, nous allons chercher de l'eau à la Vistule, le fleuve qui traverse Varsovie. Nos seaux à la main, nous attendons notre tour en rangs, encadrés par des soldats allemands. Parfois, ils font sortir les Juifs qui ont une barbe, la leur coupent, les font se mettre à genoux, et les battent comme des chiens. Nous rentrons à la maison en larmes, demandant à nos parents si nous sommes à ce point différents, pour être traités comme ça. Ils nous répondent que non. Seuls les nazis nous trouvent différents.

DES FAMILLES CHASSÉES DE LEUR MAISON

Les magasins commencent à se vider, car les Allemands réquisitionnent tout pour eux ou pour leurs soldats, au front. Le stock de gants, caché dans les doubles plafonds, nous permet

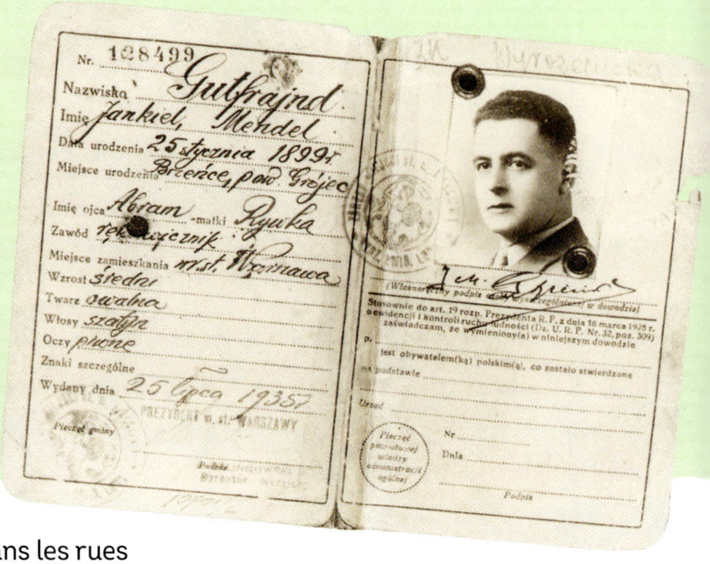

Mon père s'appelle Jacob Gutfrajnd. Dans le ghetto, les SS obligent les Juifs à détenir une carte d'identité rédigée aussi en allemand. Chaque mois, mon père doit passer au Judenrat, l'organisation juive qui administre le ghetto, pour montrer ses papiers. Signe qu'il est toujours en vie et qu'il ne s'est pas évadé.

de tenir. Au marché noir, dans les rues de Varsovie, ça se vend à prix d'or. Autour de nous, les gens commencent à avoir faim. La famille et les amis partagent nos repas. L'école se poursuit de façon clandestine, mais il faut sans cesse changer de lieu pour ne pas se faire dénoncer. Depuis l'été 1940, les Juifs n'ont plus le droit d'occuper de grands appartements à eux seuls. Nous logeons donc une autre famille, des clients de mon père. Chaque jour, de nombreuses personnes rejoignent le quartier juif, avec une petite valise ou un baluchon. Ils s'entassent dans des maisons en ruine ou vont habiter chez d'autres Juifs. Ils racontent que les Allemands les ont chassés de chez eux après avoir confisqué tous leurs biens. Certains ont passé plusieurs jours et plusieurs nuits dans des trains, sans boire ni manger. Ils affluent par milliers.

Des enfants cherchent désespérément leurs parents, avant de passer la nuit seuls sous des porches. À la maison, il y a de plus en plus de monde. Une partie de la famille de mon père, chassée de son logement, vient s'installer chez nous.

PILLAGES ET INTIMIDATIONS

Un après-midi, des nazis entrent dans le magasin de mon père et repartent avec des milliers de gants, promettant de les payer plus tard. Mon père décide de fermer la boutique, ainsi que l'atelier, juste à côté. Il rapporte à la maison tous les gants qui restent. Le lendemain, des soldats allemands que mon père a connus à Berlin le préviennent que les nazis vont lui ordonner de rouvrir l'atelier et de travailler pour eux. Le jour même, nous fermons la porte principale de notre appartement

de l'extérieur, avec un cadenas, comme si nous avions quitté les lieux. Nous restons tapis à l'intérieur, sans faire le moindre bruit. Mon père dort dans une chambre de bonne, au dernier étage de l'immeuble, pour ne pas se faire surprendre par les nazis en pleine nuit. Pour nos allées et venues, nous empruntons l'escalier de service.
Hélas, au bout de trois semaines, notre subterfuge est découvert. Un matin, les nazis font sauter le cadenas et défoncent la porte en hurlant : « Ouvrez, ouvrez, sales Juifs ! » Papa a juste le temps de monter se cacher.
« Où est Jacob ? » hurle l'un d'eux. Devant notre silence, ils secouent ma mère brutalement, la giflent, la traitent de « pute ». Puis ils me couchent sur le canapé en lui disant : « Si tu ne parles pas, on baise ta fille. » Mon petit frère se jette sur eux pour nous défendre, mais il récolte un coup de botte dans le dos. Enfin, ma mère, gardant son sang-froid, leur parle en allemand : « Vous n'avez pas honte de vous comporter ainsi devant mes enfants ? » Vexés, ils sortent en jurant de revenir chercher mon père.
Tous les deux ou trois jours, ça recommence. Maintenant, ils s'en prennent aux tableaux, aux meubles, aux objets, qu'ils volent ou qu'ils cassent. Heureusement, mon père réussit toujours à monter dans la chambre de bonne à temps.

UN MUR DE BRIQUES ET DE BARBELÉS

Depuis octobre 1940, les nazis ont construit un mur de briques de trois mètres de hauteur autour de notre quartier. En novembre, ils y ont rajouté des barbelés. Nous sommes enfermés, coupés du reste du monde, dans ce ghetto, cet enclos d'où l'on n'a pas le droit de sortir sans autorisation spéciale. D'après le Judenrat, l'organisation juive chargée par les Allemands d'administrer le ghetto, nous sommes plus de 500 000 à être parqués comme du bétail dans cet ancien quartier juif de Varsovie,

« Nous sommes enfermés, coupés du reste du monde, dans ce ghetto, cet enclos d'où l'on n'a pas le droit de sortir... »

Je suis fière de mon père. C'est un homme séduisant et très intelligent. Il a fait plusieurs voyages à Paris pour ses affaires. Il m'en parle souvent comme d'une ville unique au monde, et espère qu'un jour j'irai y faire mes études.

où nous étions à peine 60 000 avant la guerre. Mon père, que les nazis laissent finalement tranquille depuis la construction du mur, organise la distribution quotidienne d'une soupe populaire dans la porte cochère de notre immeuble, avec l'argent des gants vendus au marché noir. Malgré toutes les interdictions, on essaie de se distraire. Nous allons au théâtre, au concert, ou dans un grand café, où joue un pianiste très doué. Récemment, quand le film *Le pianiste* est sorti, j'étais très émue, car il retrace l'histoire de cet homme que j'ai si souvent entendu jouer dans le ghetto.

L'envie de danser continue à me démanger. Avec mon tutu et mes ballerines, je fais de petites représentations chez des copines. Mon père continue à chanter à la maison ou chez des amis et organise des jeux de cartes pour distraire un peu tout le monde. Tant bien que mal, on cherche à oublier qu'on est des gens prétendument différents.

J'ai encore la chance de poursuivre des études, car une professeure de notre ancien lycée continue à donner des cours. Bien sûr, faute de laboratoire, il est hors de question d'étudier la physique et la chimie, mais elle enseigne au moins les autres matières principales. La classe doit changer régulièrement de lieu. Un jour, nous attendrons en vain la professeure. Jamais nous ne la reverrons.

ON ENJAMBE LES CADAVRES

Désormais, on nous oblige à porter un brassard blanc avec une étoile bleue à six branches. Moi, je suis plutôt du genre à commander avec mes copines, et à désobéir à mes parents. Le brassard reste dans ma poche et je ne l'enfile qu'en croisant des Allemands. À leur vue, il faut aussi descendre du trottoir et enlever son chapeau. Un jour où nous nous promenons avec mon père, nous oublions de nous incliner. Ils jettent mon père sur les pavés, lui labourent le ventre de coups de bottes et de fouet pendant un temps qui me paraît infiniment long. Le visage en sang, il peut à peine se relever. Je le traîne jusqu'à la maison. À partir de ce moment, il s'affaiblit physiquement et moralement.

Le spectacle de la rue devient chaque jour plus effrayant. Les gens meurent de faim, de froid et de maladie.

Les ruelles se transforment en un bourbier à l'odeur pestilentielle. Les ordures pourrissent dans les caniveaux. On enjambe les cadavres, déjà dépouillés de leurs vêtements, si utiles aux vivants. Ils restent sur le trottoir, parfois plusieurs jours, jusqu'à ce que les charrettes du Judenrat les ramassent pour les jeter à la fosse commune.

Régulièrement, les SS débarquent et tirent à l'aveuglette sur tout ce qui bouge. Parfois, ils se penchent par les vitres de leurs voitures et frappent les passants les plus proches avec des sortes de bouts de bois hérissés de clous ou de lames de rasoir.

DES POUX QUI GROUILLENT

Chaque jour, des gens disparaissent, des boutiques ferment. Un jour, ma mère se fait prendre dans une rafle. On l'emmène hors du ghetto avec d'autres femmes. On leur fait enlever leur culotte, on les met à genoux et, tout l'après-midi, elles doivent astiquer les pavés avec. Ce n'est que beaucoup plus tard qu'elle osera nous le raconter. Comme elle, nous ressentirons alors une très forte humiliation.

Depuis l'hiver 1941, une grosse épidémie de typhus s'est répandue dans le ghetto. Les poux, qui transmettent la maladie, grouillent partout, dans les tramways, les boutiques, les escaliers.

Le Judenrat estime à 5 000 le nombre de personnes qui meurent chaque

« Le spectacle de la rue devient chaque jour plus effrayant. Les gens meurent de faim, de froid et de maladie. »

En 1941, mon père meurt du typhus. Personne ne remarque le photographe qui immortalise cet instant. Plusieurs années après la guerre, je verrai cette photo dans une exposition !

mois. Mon père, déjà très affaibli, est atteint lui aussi. Malgré les médicaments que ma mère réussit à se procurer au marché noir, il meurt fin septembre. Maman ne veut pas le voir finir dans une fosse commune. Elle préfère payer très cher la Gestapo, la police allemande, et le Judenrat, pour pouvoir l'enterrer dignement dans le cimetière de Varsovie, à l'extérieur du ghetto. Contre beaucoup d'argent, une partie de la famille obtient un laissez-passer pour assister à la cérémonie. Moi, je suis au lit, car j'ai aussi attrapé le typhus. Je délire, avec une fièvre qui monte parfois à 41 °C. J'ai quand même eu la force de dire au revoir à mon père une dernière fois.

EXPULSÉS !

Le ghetto se rétrécit. Rue après rue, les nazis rognent son étendue pour reloger les habitants de Varsovie, dont ils occupent eux-mêmes les appartements. Cette fois-ci, c'est notre tour : ils nous somment de vider les lieux dans la demi-heure. Ils veulent loger dans notre appartement une famille catholique, chez qui ils se sont déjà installés. Le Judenrat nous aide à trouver un petit deux pièces, pour lequel, une fois encore, il faut payer très cher.

« Les nazis arrivent en camions, encerclent un immeuble ou un quartier et, avec une violence incroyable, en vident tous les habitants. »

Heureusement, nous avons eu le temps d'emporter quelques sacs de gants cachés dans le double plafond. Mais les prix grimpent, et les trafiquants deviennent de plus en plus exigeants. Les rafles se multiplient. Les nazis arrivent en camions, encerclent un immeuble ou un quartier et, avec une violence incroyable, en vident tous les habitants. Certains sont fusillés sur place. D'autres sont emmenés sur l'Umschlagplatz, une grande esplanade à la limite du ghetto, desservie par des voies ferrées et bordée de grillages. Ma mère sait déjà qu'ils partent pour Treblinka, un camp d'extermination, à 100 kilomètres de Varsovie. Moi, je l'ignore encore.

UN NOUVEL ATELIER DE GANTERIE

Le seul moyen de prolonger notre survie est de nous inscrire au Judenrat, pour obtenir une place dans une « shop », un ensemble d'ateliers qui travaillent pour les Allemands. La plus connue est la firme Tobbens, où l'on fabrique des uniformes pour les soldats allemands. On nous affecte à la shop Braer.

En 1936, mon père avait acheté en Amérique une machine automatique pour découper les gants, chose très rare à Varsovie. Ma mère propose au Judenrat d'ouvrir un atelier de ganterie. Cela nous donne droit à un certificat de travail qui, accroché au revers du manteau, indique le nom de la fabrique où l'on travaille. Ainsi,

La tombe de mon père, dans le cimetière de Varsovie. L'immense majorité des Juifs du ghetto a été jetée dans des fosses communes.

les nazis s'acharnent moins sur nous. Nous retrouvons des ouvrières de l'ancien atelier de papa. Bien sûr, le rendement reste faible. Pourquoi mettre toute notre énergie au service des nazis ?

Malgré tout, la vie au quotidien devient vraiment dangereuse.

Les nazis promettent du travail à l'Est, en offrant aux volontaires quatre kilos de pain et de la confiture. Comme tout le monde crève de faim, il ne leur est pas difficile de convaincre de nombreux malheureux. En réalité, ces derniers sont déportés directement à Treblinka. Ma mère sait quels mensonges se cachent derrière ce mirage, car elle entretient des liens avec l'organisation clandestine juive du ghetto.

Elle me le confiera plus tard.

ÉCHAPPER À LA SÉLECTION

Nous sommes en 1942 ; le ghetto se réduit de plus en plus. Nous avons emménagé dans un autre deux pièces, situé dans la shop, avec un couple et un bébé de onze mois. On l'appelle « petit cac'man » : il salit tout le temps sa couche !

Nous dormons sur des lits de camp ou à même le sol. Des appartements, on peut rejoindre les shops par des passerelles et des escaliers intérieurs, sans sortir dans la rue.

Je suis devenue une adolescente assez séduisante et, quand je croise le directeur, M. Grohoviak, un Allemand né en Pologne, il me fait un peu la cour. J'en joue, je l'avoue, en me disant que ça nous servira peut-être. On discute et on plaisante, mais sans plus.

Un jour, il me prévient : « Demain, il y aura une grande sélection ici. Cache-toi avec ta mère et ta sœur. » Ici, le seul mot de « sélection » fait peur à tout le monde : les SS débarquent dans un quartier ou dans une rue, ils font mettre les Juifs en rangs et désignent de façon totalement arbitraire ceux qui vont partir et ceux qui vont rester. Un coup de cravache à droite, un à gauche : selon que vous vous trouvez d'un côté ou de l'autre, votre vie se poursuit ou s'arrête.

Je préviens maman. Nous allons nous cacher dans un quartier déjà « nettoyé ». Au dernier étage d'un immeuble, nous accédons à une chambre mansardée. Mais, quelques minutes plus tard, nous entendons des bottes et des cris dans l'escalier : « Sortez, sales Juifs, sortez ! »

Il y a un trou dans le mur : nous nous précipitons dedans et nous tirons devant une chaise recouverte d'une

> « Cette Juive, elle ne doit pas rester là. Demain, je reviens pour l'emmener dans un bordel. Si je ne la trouve pas, je fusille tous les ouvriers. »

grande serviette de toilette. Arrivés dans la mansarde, les SS frappent le sol et les murs avec la crosse de leur fusil, sans toucher à la chaise. Je me demande comment ils n'entendent pas nos cœurs battre. Puis ils tournent les talons. Nous attendons le calme complet pour sortir de notre cachette. Il n'y a plus un Allemand dans le coin. Apparemment, ce n'est pas nous qu'ils cherchaient.

« TROP BELLE POUR ÊTRE JUIVE »

Un soir, voulant dire bonsoir aux ouvrières de la shop, je descends l'escalier à tâtons avec ma petite sœur. L'électricité se fait rare, c'est la pénombre. Tout à coup, je me heurte à quelqu'un. Sous mes mains, je reconnais un uniforme. Un SS me tire vers la fenêtre et cherche à m'embrasser en disant : « Tu es une Juive magnifique. » Mes hurlements font sortir sur le palier le directeur de l'atelier. Le SS lui déclare : « Tu sais, cette Juive, elle ne doit pas rester là. Demain, je reviens pour l'emmener dans un bordel. Si je ne la trouve pas, je fusille tous les ouvriers. Je t'en rends responsable. » Je rentre à la maison en larmes. Impossible de dire tout ce qui me passe par la tête pendant la nuit. Le lendemain, le nazi m'attend. Il saisit une énorme paire de ciseaux à découper le cuir et, m'attrapant le nez avec, il me lance : « Tu es vraiment trop belle pour être juive. Avant de t'envoyer au bordel, je vais te massacrer. » Il serre de plus en plus fort. Prise de panique, je fais pipi dans ma culotte. Il fait deux pas en arrière pour éviter les éclaboussures. « Tu vois bien que c'est encore une enfant, laisse-la tranquille pour l'instant ! lui dit le directeur. Qu'est-ce que tu vas faire d'elle dans un bordel ? Tu reviendras la chercher plus tard. » Le nazi me regarde droit dans les yeux, et me crie : « Allez, va-t'en, vite ! » Maman fond en larmes en me voyant revenir.

Sur cette photo, mon frère Heniek a douze ans. Il sera arrêté peu de temps après par la Gestapo, la police allemande, et déporté à Treblinka, le camp d'extermination où l'on envoie les Juifs du ghetto. Je ne l'ai jamais revu.

« MON PETIT FRÈRE »

Malgré l'interdiction de ma mère, Heniek et moi, nous décidons d'aller chercher un sac de gants que nous avons caché dans une maison abandonnée. En chemin, nous tombons sur des SS. L'un d'eux me braque son pistolet sur la tempe et me dit : « Ne bouge pas ! » Mais, apercevant des gens qui sortent d'une cachette, il s'éloigne de quelques pas. J'en profite pour détaler avec mon frère. Je n'ai jamais couru aussi vite. Malheureusement, Heniek me lâche la main et part dans une autre direction.

J'aperçois un trou dans la chaussée, je me précipite dedans, et je m'ensevelis avec les branches et les gravats qui l'entourent. Toute la nuit, je retiens mon souffle. Au petit matin, quand le calme revient, je sors de mon refuge. Au bout de la rue, j'aperçois ma mère et Barbara. En me voyant seule, maman a déjà tout compris. Nous apprendrons plus tard que Heniek a été déporté et gazé à Treblinka.

Jamais je ne me pardonnerai d'avoir désobéi à ma mère ce jour-là.

UN BUNKER POUR SURVIVRE

Depuis le début de l'année 1943, il devient évident que les nazis vont anéantir le ghetto et tous les Juifs qui y survivent encore. Nous ne sommes plus que 4 000 ou 5 000 à l'intérieur, mais certains résistants de l'organisation juive clandestine du ghetto ont décidé de se battre coûte que coûte, plutôt que de se laisser abattre ou déporter par les SS. Depuis plusieurs mois, ils préparent une insurrection. Ils ont construit

en secret des bunkers sous des immeubles, pour y cacher des armes et pour permettre aux femmes et aux enfants de s'y réfugier le moment venu. Le bunker pour lequel maman a donné de l'argent se trouve en face de l'Umschlagplatz.
Dès les premiers jours d'avril, l'insurrection du ghetto tourne à la catastrophe. Avec une quarantaine d'autres personnes, nous descendons dans le bunker. Il y a deux pièces : l'une juste sous la cave de l'immeuble, l'autre construite beaucoup plus en profondeur, dans le sable, pour résister aux bombes. Dans la première, ils ont installé une dynamo pour la lumière et ont détourné une canalisation d'eau potable. Il y a des stocks d'armes, de la nourriture pour tenir très longtemps, une radio, et même une bibliothèque. Dans l'autre pièce, des planches sont accrochées au mur, pour dormir. Il y a même une sorte de télescope pour surveiller la rue. On aperçoit les bottes des soldats. Aujourd'hui encore, je n'en reviens pas, d'une telle ingéniosité.

PRISONNIERS DU FEU

Mais les nazis mettent le feu au ghetto, maison par maison, avec de l'essence et des lance-flammes. La pièce qui abrite le ravitaillement et l'eau s'effondre sous le poids de l'immeuble et sous la chaleur du brasier. Certains d'entre nous préfèrent sortir en bravant le feu, de peur d'être asphyxiés. Nous, nous choisissons de nous replier dans l'autre pièce. Le sable et la profondeur nous isolent un peu de la fournaise, mais il fait très, très chaud. La cave, obstruée par la fumée, ne nous fournit plus l'air dont nous avons besoin.
Un début de tunnel a été creusé dans le sable pour rejoindre la surface aérée des égouts, au cas où nous serions privés de l'air venant de la cave. Il est urgent de le terminer, sinon, c'est l'asphyxie pour tout le monde.
Les premières nuits, avec Raphaël et Jacob, des jeunes de mon âge, nous nous attelons à la tâche. Dans la journée, c'est impossible : les SS

> « Certains résistants ont décidé de se battre coûte que coûte, plutôt que de se laisser abattre ou déporter par les SS. »

circulent dans le ghetto et, avec l'écho, le moindre bruit pourrait nous trahir. Nous restons dix jours et dix nuits sans boire ni manger. Enfin, nous atteignons les égouts grâce au tunnel. Nous y récupérons tout ce qui flotte à la surface : peaux d'oranges, feuilles de salade, pommes de terre pourries, pour nourrir notre groupe. Peu à peu, la chaleur de l'autre pièce s'atténue. Raphaël réussit à se faufiler sous les décombres encore brûlants et à prolonger l'arrivée d'eau jusqu'à notre « dortoir ».

La nuit, nous montons la garde à tour de rôle le long du tunnel qui mène aux égouts. Les nazis savent que des Juifs s'y cachent, et il faut se tenir prêts à fuir au moindre signe de danger. Nous guettons les bruits de l'extérieur, qui résonnent sous terre. Une nuit, je suis de garde avec Fela, la sœur de Jacob. Tout à coup, je sens une odeur bizarre, un peu sucrée et suffocante à la fois. Vite, nous réveillons Jacob. Il comprend tout de suite : les nazis diffusent des gaz asphyxiants à base de chlore pour nous étouffer. Sans perdre une seconde, nous nous enveloppons tous d'un drap mouillé pour traverser la première pièce, encore brûlante, et rejoindre un petit réduit de deux mètres sur deux qui a été épargné par les flammes, juste contre la cave. Si les SS nous entendent tousser, nous sommes morts. Chacun déchire un morceau de drap et se le met dans la bouche. Quelques heures plus tard, l'odeur du gaz se dissipe ; nous pouvons regagner le bunker.

« La faim rend capable de tout, on peut en devenir fou. Je n'aurais jamais imaginé vivre de telles humiliations. »

LA VIE DANS LES ÉGOUTS

Nous marchons pendant des heures dans les égouts, à quatre pattes par endroits, là où ils sont plus étroits, pour tenter de trouver le moindre déchet à grignoter. Parfois, les SS ferment les vannes pour faire monter le niveau. Nous nous retrouvons avec de l'eau jusqu'au cou. Un jour, ma mère rattrape par les cheveux ma petite sœur qui commence à perdre pied. Quand nous ne trouvons plus rien pour

nous remplir l'estomac, nous sommes obligés de tuer des chats.
La faim rend capable de tout, on peut en devenir fou. Je n'aurais jamais imaginé vivre de telles humiliations. Dans les égouts, où d'autres Juifs se cachent, je suis témoin de scènes abominables. Quand le corps entier lutte pour survivre, il est difficile de garder sa dignité. C'est bien ce que veulent les nazis : nous détruire, nous dépersonnaliser, faire de nous des êtres à part.
Aujourd'hui, je ne supporte pas de voir des enfants mourir de faim. Cela me remplit de rage, de honte et de chagrin. Je sais trop ce que cela signifie. Qu'à notre époque une partie de l'humanité en soit réduite à cela me rend folle.

LA RÉSISTANCE POLONAISE, SEULE PLANCHE DE SALUT

Depuis trois mois, on croupit dans ce trou. Certains tombent malades, ne tiennent plus debout. Il faut à tout prix sortir. Pour nous en empêcher, les nazis ont condamné toutes les plaques d'égout du ghetto. Seule solution : en trouver une qui débouche dans le quartier catholique. C'est-à-dire à un ou deux kilomètres au moins de l'endroit où nous sommes. Après des jours de recherche, nous en localisons une. Jacob, qui a des contacts avec la résistance polonaise de Varsovie, se hisse une nuit à l'extérieur et doit nous donner des nouvelles dans les trois jours.
Trois semaines plus tard, il n'est toujours pas réapparu.
Je suis encore la moins cadavérique de tous et propose donc de sortir à mon tour, en faisant valoir que je n'ai pas un physique juif et que les nazis ne feront pas attention à moi. Fela tient à m'accompagner. Ça m'ennuie un peu car, aux yeux des nazis, elle est vraiment typiquement juive.
Par précaution, Raphaël me remet un revolver et m'explique comment tirer, avant de nous hisser toutes les deux à l'extérieur. À une heure du matin, nous émergeons dans une rue du quartier catholique. De toutes nos forces, nous tapons à la première porte cochère pour nous faire ouvrir. Le concierge, terrorisé, se retrouve avec mon silencieux sur la figure : « Si tu dis un mot, tu es mort. » À notre odeur, il comprend d'où nous venons. Il nous donne de quoi nous laver, de quoi manger et nous cache pour la nuit. Il s'appelle M. Wasilewski.
Le lendemain matin, il nous indique comment se rendre à l'adresse du « contact » de Jacob.

À LA RECHERCHE DE CACHETTES

Je monte dans un tramway, et Fela dans un autre, voilée de noir comme une veuve, de peur que son physique ne la trahisse. À l'adresse indiquée, on fait la connaissance de Joseph, notre « contact ». Au début, il se méfie de nous. Les espions et les délateurs traînent partout à Varsovie. J'insiste : « Il y a urgence, ils vont tous mourir si l'on ne leur procure pas de quoi se soigner et se nourrir dans les trois jours. » Pendant quarante-huit heures, il nous boucle dans une pièce, craignant de se faire dénoncer. Puis il amène Jacob. On tombe dans les bras les uns des autres, et Joseph se laisse enfin convaincre. Jacob nous explique que, lorsqu'il a voulu revenir, la plaque était condamnée. Impossible de la soulever pour s'y glisser. Habillés en policiers polonais pour ne pas se faire prendre par les Allemands, Joseph et Jacob filent chez M. Wasilewski. Ils lui disent : « Il faut que tu nous aides. Laisse-nous entreposer de la nourriture et des médicaments chez toi. Nous les descendrons la nuit par la bouche d'égout. On ne pourra sortir ceux qui s'y cachent qu'après leur avoir trouvé des planques dans des

En 1943, j'emprunte l'identité d'une fille catholique, qui vient de mourir. Je ne m'appelle plus Paula, mais Cristina, j'ai deux ans de moins que mon âge réel. Cette nouvelle carte m'évite d'être arrêtée et déportée en tant que juive

appartements. » Il accepte tout de suite, sachant pourtant qu'il risque gros. Chaque nuit, le manège se déroule dans un silence absolu.

« Les faux papiers me permettent de transmettre des lettres ou des colis à la résistance polonaise. »

DE VRAIS FAUX PAPIERS

Un jour, Jacob me dit : « Tu n'as pas l'air juive, tu vas devenir catholique. Je connais une fille qui agonise à l'hôpital ; dès sa mort, va chez le curé et demande-lui son acte de baptême. Après, tu passeras à la Kommandantur en prétextant que tu as perdu tes papiers et que tu veux les faire refaire. » Désormais, je ne m'appelle plus Paula, mais Cristina. Je suis baptisée et j'ai deux ans de moins. Je trouve refuge chez une couturière qui me croit catholique, puisque je vais avec elle à la messe le dimanche. Les faux papiers me permettent de circuler dans Varsovie à moindre risque et de transmettre des lettres ou des colis à la résistance polonaise.

M. WASILEWSKI

Depuis quelques jours, le ghetto est un véritable chantier. Les ouvriers polonais ont reçu ordre de tout raser et de déblayer les gravats. Entendant des bruits dans les égouts, ils découvrent le bunker et trouvent le reste de notre groupe. Ma mère a encore un peu d'argent sur elle. Elle achète leur silence pour éviter qu'ils ne les dénoncent. Se doutant qu'ils ne tiendront pas parole, elle fait passer un message à Joseph par la bouche d'égout pour le prévenir du danger. Il n'y a pas une seconde à perdre : nous décidons de les évacuer dans la nuit même. Les rescapés se réfugient dans le réduit à charbon de M. Wasilewski, le temps de trouver des cachettes. Le lendemain, la Gestapo, sur dénonciation d'un voisin, arrive chez M. Wasilewski. Ne trouvant pas nos compagnons, déjà emmenés ailleurs, elle le pend, avec sa femme et ses six enfants, au balcon de sa maison. Comment oublier cet homme ? En nous sauvant la vie, il s'est mis en danger et a été assassiné avec toute sa famille.

ON SE BAT, MAISON PAR MAISON

Je retourne chez ma couturière avec maman et ma sœur, en lui révélant tout. Elle se met à crier : « Je ne peux pas garder des Juifs chez moi ! »
Je braque mon pistolet sur elle en lui disant : « Si tu bouges ou si tu parles, tu es morte. » Du coup, quand ses clients viennent la voir, ma sœur se cache sous le lit, et maman dans le placard. Par crainte d'être dénoncées, nous déménagerons souvent.
En août 1944 éclate l'insurrection de Varsovie. Maison par maison, les résistants polonais se battent héroïquement, mais les Allemands tiennent bon. Moi, je n'en peux plus. J'ai presque dix-neuf ans. Mon père est mort, mon frère a disparu.
De ma famille,il ne reste que ma mère et ma sœur. J'ai envie de profiter encore un peu de la vie. Je déserte la Résistance, pour rejoindre ma mère et ma sœur, réfugiées à la campagne à 30 kilomètres de Varsovie. L'endroit n'est pas encore sûr : il se situe tout près de la ligne de front entre les Allemands et les Russes. Nous préférons partir pour Lublin, à 300 kilomètres de Varsovie, à l'arrière du front russe, donc plus en sécurité.

APRÈS LA GUERRE, NOTRE VIE EN FRANCE

À Lublin, un comité spécial aide les Juifs à se loger provisoirement. Nous partageons un petit appartement avec une autre famille. Celle de mon futur mari ! Comme la guerre fait encore rage dans toute une partie de l'Europe, il est mobilisé dans l'armée polonaise, qui s'est reconstituée depuis 1941 sous l'aile russe. Nous nous marions dès son retour, en juillet 1946. Deux jours plus tard, nous prenons le train pour la France : mon beau-père veut y monter une affaire d'articles de pêche. À Paris, nous habitons chez un oncle, puis dans une chambre de bonne. Mon mari s'exerce tous les jours sur une machine à tricoter, pour en faire son métier, plus tard. Moi, je ne sais rien faire, sauf broder. Un jour, je lis une petite annonce : « Recherche

« Mon père, mon frère et toute ma famille, massacrés par les nazis, vivent en moi, chaque jour et chaque nuit. »

**Cette photo de moi, prise il y a trente ans, au mariage d'un cousin, donne l'image d'une femme heureuse.
C'est vrai, j'ai réussi à reconstruire ma vie. Mon mari, mes enfants, petits-enfants et arrière-petits-enfants m'y aident beaucoup. Mais les atrocités du ghetto de Varsovie restent encore inscrites dans ma chair.**

ouvrière qualifiée pour assemblage de tricots. » Je me présente, sans avoir jamais fait ce genre de travail. Bien évidemment, je bousille tout le stock, que je rapporte au patron en pleurant. Entre deux sanglots, je baragouine quelques mots de français. Il a pitié de moi et me montre comment faire. Je travaille dix-huit heures par jour, car je suis payée à la pièce et nous n'avons aucun autre revenu.
Mon mari se débrouille de mieux en mieux avec ses tricots. Il finit par créer une petite entreprise, puis une affaire en gros. En 1948, ma mère nous rejoint en France, un an après ma sœur Barbara. En Pologne, malgré le départ des nazis, la vie des Juifs n'est pas plus facile. En 1949 naît notre première fille, et en 1952 arrive la seconde. Soixante ans après, nous sommes très heureux. Mes blessures restent pourtant inscrites dans ma chair et dans ma tête. Mon père, mon frère et toute ma famille, massacrés par les nazis, vivent en moi, chaque jour et chaque nuit. Cependant, je n'ai jamais enseigné à mes enfants la haine des Allemands, ni de personne.
Mes enfants, mes petits-enfants et arrière-petits-enfants m'aident à vivre. Avec eux, la vie est là, plus forte que tout.

Cristina Szenberg

Cristina Szenberg est décédée en 2022. À 96 ans, elle témoignait encore des horreurs qu'elle a vécues. Pour que jamais cela ne se reproduise.

ANDRÉ MIGDAL

déporté à Neuengamme

« Je me disais souvent :

"Si je sors vivant d'ici, on ne croira pas ce que je raconte."

J'ai vécu des choses qu'on ne peut pas concevoir. Peut-être suis-je resté en vie pour témoigner. »

F 30655

ANDRÉ MIGDAL

déporté à Neuengamme

Je me disais souvent : « Si je sors vivant d'ici, on ne croira pas ce que je raconte. » J'ai vécu des choses qu'on ne peut pas concevoir. Peut-être suis-je resté en vie pour témoigner.
Mes camarades, tombés à mes côtés, me donnent le devoir de le faire.
Le souvenir de mes parents et de mes deux frères, disparus dans le camp d'Auschwitz, me hante chaque jour et chaque nuit. Depuis mon retour de l'enfer des camps nazis, j'essaie, à ma manière, de rendre hommage aux disparus.

UN ADOLESCENT COMME LES AUTRES

Je suis le sixième d'une famille de onze enfants. En 1939, quand la guerre éclate, j'ai quatorze ans. Je viens de passer mon certificat d'études, et je suis apprenti chez un ébéniste.
Nous habitons à Paris, au 72, rue Claude-Decaen, dans des logements sociaux construits après la guerre de 14-18 pour accueillir des familles françaises modestes. Depuis que Hitler est au pouvoir en Allemagne, nous voyons arriver des opposants au régime et des familles juives.
Ils viennent s'installer en France pour fuir les persécutions nazies qui ont commencé dans les premiers pays occupés par l'Allemagne.

« En 1939, quand la guerre éclate, j'ai 14 ans. Je viens de passer mon certificat d'études... »

Mon père, Juif d'origine polonaise, a lui aussi quitté son pays, mais beaucoup plus tôt, vers 1904, à l'âge de quatre ans. Car, bien avant l'arrivée des nazis, les Polonais organisaient déjà des « pogroms » à l'encontre des Juifs : villages incendiés, magasins dévastés...
Pour nous, la France représente le pays des droits de l'Homme, nous nous y sentons en sécurité. Mes parents ne pratiquent pas la religion juive, et ils ne nous l'ont jamais enseignée. Je ne me sens pas différent des autres. Je me considère comme un adolescent normal.

Mon père et ma mère viennent juste de se marier. Mon père est arrivé de Pologne en 1904. Il est tailleur, et a trouvé du travail à Paris. Ma mère, elle, est d'origine allemande.

PLUS DE PAIN

À partir de 1940, avec l'occupation allemande, notre vie quotidienne change de jour en jour. Plus de pain, de beurre, de viande. Tout part en Allemagne. On n'a pas le droit de sortir la nuit, les journaux sont censurés. La police française poursuit les résistants et les Juifs. Les partis politiques, les syndicats et les mouvements de jeunes de gauche ont été interdits le 26 septembre 1939 par le décret Daladier. Avec le décret Sérol, quelques mois plus tard, on risque

Nous habitons une HBM (Habitation bon marché). L'immeuble abrite beaucoup de familles nombreuses, rassemblées sur cette photo. J'y ai beaucoup de copains, avec lesquels je vais à l'école. On fait aussi du sport, grâce à des mouvements de jeunesse.

Mon père, devant son étalage de marchand des quatre saisons. Quand les premières lois antijuives sont proclamées par le gouvernement du maréchal Pétain, il est contraint de redevenir tailleur, à la maison, en cachette, puisque les Juifs n'ont plus le droit d'exercer de métier dans la rue.

Mes trois frères aînés et moi (à droite), nous sommes très proches. Cette photo a été prise en juin 1940, derrière notre immeuble. Six mois après, je serai arrêté avec Henri et Robert.

la peine de mort si l'on enfreint cette loi. Le gouvernement français du maréchal Pétain collabore avec l'ennemi et vote les premières lois antijuives : obligation de monter dans le dernier wagon du métro, exclusion des cinémas et des squares publics, interdiction d'exercer un métier sur la voie publique, etc.
Mon père, marchand des quatre saisons, doit abandonner son activité. En cachette, à la maison, il redevient tailleur, son tout premier métier.

CRAMER LES MOTEURS POUR RÉSISTER

Vivre dans un pays occupé, sous la domination d'une armée qui vous prend tout et vous empêche de vivre normalement, c'est impossible à accepter quand on a seize ans. Mes frères et moi, sans même se demander si l'on est juifs ou pas, on n'a aucune envie de s'écraser. Nous sommes embauchés comme manœuvres dans une entreprise de travaux publics, pour construire et agrandir les pistes d'atterrissage du terrain d'aviation de Villacoublay, près de Paris. Cela revient un peu à travailler pour les Allemands, puisqu'ils ont déjà mis la main sur toutes les ressources du pays. Ils sont en guerre partout en Europe, et cela leur coûte cher ! Sans nous concerter, nous faisons nos premiers sabotages. On injecte du plâtre dans les coulées de béton, transformant ainsi le sous-sol en mille-feuille. Sur le moment, ça ne se voit pas, mais quinze jours après, tout éclate, le chantier est à recommencer. Régulièrement, je pique des morceaux de sucre, denrée rare, pour les glisser dans les réservoirs à essence des side-cars ou dans les moteurs des camions allemands. Au démarrage, ça sent le caramel et après, tout crame.

Avec un groupe de camarades de la rue Claude-Decaen, je passe le reste du temps à peindre des slogans dans les couloirs du métro et sur les murs de Paris ou à distribuer des tracts antinazis ou contre Pétain. Sans doute inconscient des risques encourus, je n'ai jamais eu peur.

« Mes frères et moi, on n'a aucune envie de s'écraser face aux Allemands. (...) Jusqu'au jour où notre groupe est dénoncé. »

EN PRISON COMME UN VOLEUR

Jusqu'au jour où notre groupe est dénoncé. La police française vient nous chercher, mes deux frères et moi, le dimanche 24 janvier 1941, à 6 heures du matin, chez nos parents. Mes frères, majeurs, sont emmenés à la prison de la Santé, et moi à Fresnes, avec trois autres mineurs de notre groupe.

Là, le choc est rude : on me jette dans une cellule avec cinq prisonniers de droit commun, dont un voleur de charbon, un proxénète et un gars qui a tué sa sœur. C'est infamant : je ne suis ni un bandit ni un assassin ! Sur les banquettes, les couvertures grouillent de poux. Je découvre l'univers sordide de la prison, où les caïds dictent leur loi, faite de trafics, d'humiliations, de violence. La nuit, on entend des hurlements.

Le 30 mai 1941, nous sommes condamnés par des juges français pour « reconstitution de mouvement politique ». J'écope de six mois d'« emprisonnement cellulaire », alors que d'autres camarades, plus impliqués dans l'activité clandestine, du moins aux yeux des magistrats, sont

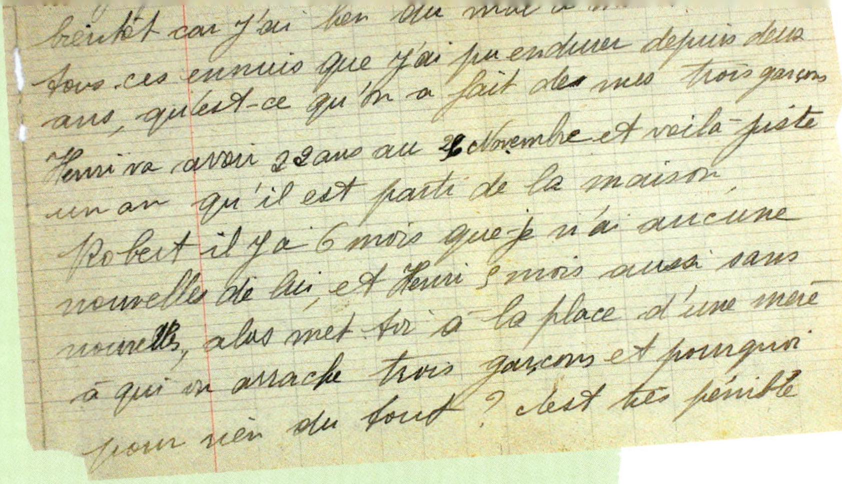
bientôt car j'ai bien du mal à ...
tous ces ennuis que j'ai pu endurer depuis deux
ans, qu'est-ce qu'on a fait de mes trois garçons
Henri va avoir 22 ans au 2[illegible] Novembre et voilà juste
un an qu'il est parti de la maison
Robert il y a 6 mois que je n'ai aucune
nouvelles de lui, et Henri 5 mois aussi sans
nouvelles, alors mets toi à la place d'une mère
à qui on arrache trois garçons et pourquoi
pour rien du tout ? c'est très pénible

L'une des dernières lettres que j'ai reçues de ma mère, avant son arrestation. Sans nouvelle de mes deux frères aînés, qui ont été arrêtés en même temps que moi, elle s'inquiète beaucoup.

condamnés à quinze ans de travaux forcés. C'est ce jour-là que j'ai vu mes deux frères pour la dernière fois. Je saurai plus tard que, le 6 juillet 1942, ils ont été déportés et exterminés au camp d'Auschwitz, en Pologne, comme d'autres résistants. En fait, il s'agit d'une erreur des Allemands, car seuls les Juifs y sont déportés à ce moment-là. Or, nous avons été arrêtés comme résistants, et personne ne semble connaître nos origines juives.

Comme je n'ai pas encore l'âge légal pour effectuer ma peine, les policiers me renvoient chez moi à la sortie de prison, en me précisant bien qu'au jour de mes dix-huit ans ils viendront me rechercher. « Et si l'on ne te trouve pas, c'est toute ta famille qu'on embarquera », ajoutent-ils.

Pour aider mes parents à vivre, je reprends les petits boulots. Bien sûr, je ne veux pas mettre ma famille en danger, mais je ne peux pas m'empêcher de recommencer mes sabotages. Dans les entrepôts de Bercy, où je suis manœuvre, j'essaie de bousiller les marchandises qui partent en Allemagne.

UN CAMP POUR LES REBELLES

Le 24 septembre 1942, j'ai dix-huit ans et trois mois. Comme prévu, la police vient me chercher, pour me conduire au camp de Pithiviers, dans le Loiret, où sont enfermés les « suspects à la sûreté de l'État ». Nous sommes près de 2 000. Ce camp, entouré de barbelés, vient de se « vider » des Juifs qui y étaient emprisonnés. La police française les a envoyés au camp de Drancy, au nord de Paris, la plaque tournante de la déportation pour les Juifs de France. Depuis peu, en effet, rafles et arrestations se multiplient. À la tête du camp sévit

« *Depuis peu, rafles et arrestations se multiplient.* »

le commandant Bouchard. Il fait travailler les détenus pour la maison Gringoire. Ils sont payés en bons de cantine, tandis que lui touche de grosses sommes en fournissant cette main-d'œuvre gratuite.
Au début, il trouve quelques volontaires, puis, peu à peu, il impose le travail à tous. Malgré ses menaces, je refuse de me soumettre.
Les Juifs du camp ont installé une bibliothèque. Je trouve l'occasion de lire, moi qui ai arrêté mes études à quatorze ans. Je dévore Balzac et George Sand. Avec l'aide d'un instituteur corse, détenu comme moi, je commence à écrire des poèmes.
Enfin, je corresponds beaucoup avec ma famille, que j'aime par-dessus tout. Mon refus obstiné de travailler agace le commandant. Il me prive de mon courrier, puis confisque tous mes colis. Un jour, par le haut-parleur du camp, je reçois l'ordre de me rendre à son bureau, où il me somme d'aller travailler. Je lui réponds : « Monsieur le commandant, je n'ai pas demandé à venir ici, par conséquent, je n'ai pas à travailler pour vous. »
Le résultat ne se fait pas attendre : il me livre aux Allemands avec une trentaine d'autres fortes têtes.

Je suis à gauche sur la photo. À côté de moi, ma sœur Odette, qui m'écrira très souvent pour me remonter le moral au camp de Pithiviers, ma sœur Nénette, et mon frère Robert.

UNE MAIN-D'ŒUVRE BON MARCHÉ

Le 19 novembre 1943, je suis transféré à Voves, près de Chartres, dans un autre camp de représailles, réservé aux opposants : syndicalistes, cadres du parti communiste ou partisans du général de Gaulle. À certaines périodes, nous sommes jusqu'à 2 000 détenus à nous entasser dans les baraques.

Entre-temps, j'ai appris, avec une grande douleur, l'arrestation de mes parents. Je saurai plus tard qu'ils ont été déportés et gazés à Auschwitz, avec cent cinquante-huit Juifs de la rue Claude-Decaen.

À Voves, il y a beaucoup de médecins, d'enseignants, de scientifiques, d'artistes. Je retrouve aussi quelques camarades de notre groupe clandestin. En dehors des appels et de quelques contrôles, les gendarmes français qui nous gardent se montrent assez distants.

Les prisonniers ont formé une université clandestine. Dans chaque baraque, le soir et le week-end, un « prof » enseigne sa spécialité. Je m'initie à la littérature, à la sténo, à l'anglais, à l'algèbre, au théâtre, à la musique. Avec un prof de sciences, nous apprenons même à disséquer des rats. Il faut dire qu'ils pullulent dans les baraques !

Certains d'entre nous servent de main-d'œuvre bon marché aux

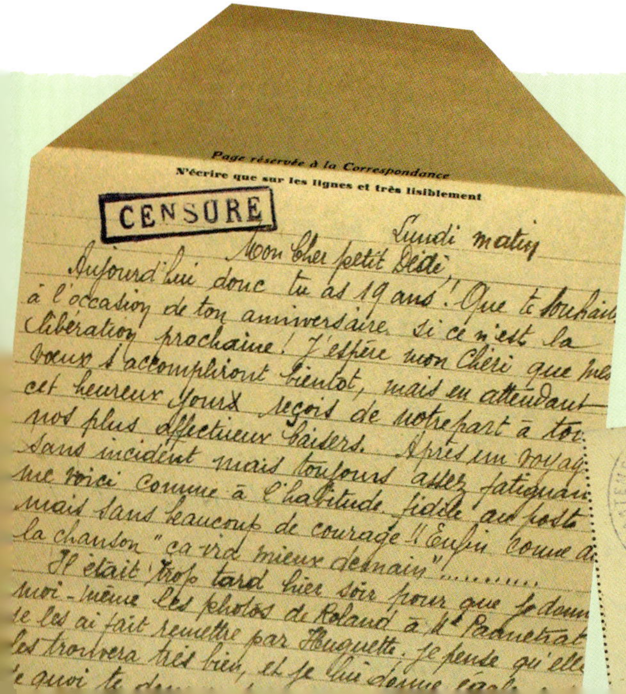
Page réservée à la Correspondance
N'écrire que sur les lignes et très lisiblement
CENSURE
Lundi matin
Mon Cher petit Dédé,
Aujourd'hui donc tu as 19 ans ! Que te souhaiter à l'occasion de ton anniversaire si ce n'est la libération prochaine ! J'espère mon Chéri que mes vœux s'accompliront bientôt, mais en attendant cet heureux jour, reçois de notre part à tous nos plus affectueux baisers. Après un voyage sans incident mais toujours assez fatiguant me voici comme à l'habitude fidèle au poste mais sans beaucoup de courage !! Enfin comme dit la chanson "ça ira mieux demain"..........
Il était trop tard hier soir pour que je donne moi-même les photos de Roland à Mr Padunetrat
je les ai fait remettre par Huguette. Je pense qu'elle les trouvera très bien, et je lui donne

Ma sœur Odette m'écrit très régulièrement et m'envoie des colis avec un peu de nourriture, car au camp on mange très mal. C'est par une de ses lettres que j'apprends l'arrestation de mes parents. Il faut tout de même faire très attention à ce que l'on écrit, car le courrier est ouvert et soumis à la censure.

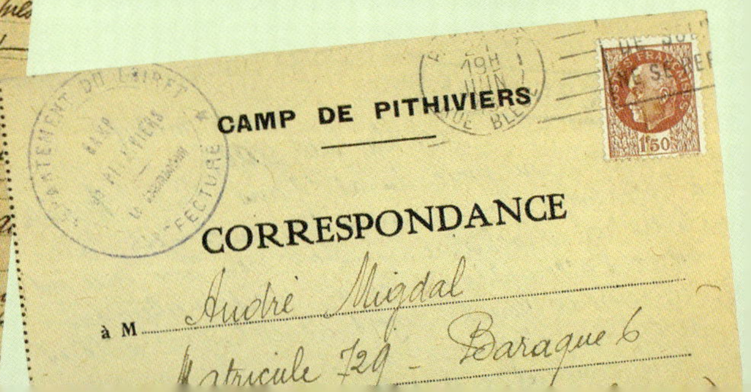
CAMP DE PITHIVIERS
CORRESPONDANCE
à M André Migdal
Matricule 729 - Baraque 6

« Chaque défaite allemande nous remonte le moral. Mais ma famille me manque, je suis inquiet pour mes frères et sœurs. »

entreprises de Voves : scieries, selleries, etc. Avec l'aide de la population locale, ils récupèrent des instruments de musique, des matériaux pour nos décors de théâtre, des livres, etc. Le curé nous fait même passer un harmonium ! Nous avons aussi une radio, apportée en pièces détachées par un détenu du camp de Châteaubriant, et remontée entièrement sur place. Elle est bien cachée à l'intérieur de la baraque des douches.

UNE ÉVASION SPECTACULAIRE

Beaucoup entretiennent des rapports secrets avec la Résistance. Finalement, rien ne nous échappe vraiment des dernières nouvelles de la guerre, aussi bien en France qu'en Europe. Chaque défaite allemande nous remonte le moral. Mais ma famille me manque, je suis inquiet pour mes frères et sœurs. Vont-ils, eux aussi, être arrêtés ? Les retrouverai-je un jour ? Heureusement, la solidarité nous aide à tenir. Nous n'avons qu'une idée en tête : décamper d'ici. L'évasion la plus spectaculaire se produit dans la nuit du 5 au 6 mai 1944. Depuis trois mois, un groupe de détenus creuse un tunnel de 148 mètres de long, à 2 mètres de profondeur. Le départ se situe dans la baraque des douches, au beau milieu du camp. L'orchestre des prisonniers joue à tue-tête pour masquer les bruits de pelles. Les gendarmes n'y voient que du feu.
En pleine nuit, quarante-deux camarades se font la belle, pour rejoindre les rangs de la Résistance. Ils ont été désignés d'avance pour des missions précises de haute importance. Moi, je suis encore trop jeune pour cela.

EMBARQUÉS PAR LA GESTAPO

Le lendemain, la Gestapo, la police secrète allemande, investit le camp et nous rassemble sur le terrain de sport, pour savoir d'où part le tunnel. Aucun d'entre nous ne parle. Les gendarmes français, presque accusés de complicité, ne sont pas très fiers, face aux SS, ces policiers militaires

« Ce voyage restera pour moi, comme pour tous les déportés, je crois, le commencement de l'horreur. »

d'élite, bardés de médailles, qui hurlent et gesticulent comme des fous. Après avoir éventré le terrain de long en large, ils finissent, au bout de deux jours, par trouver le point de départ du tunnel. Sous leurs airs furieux, ils ont du mal à cacher leur admiration. Nous sommes embarqués pour le camp de Compiègne. Là, ils nous jettent de nouveau dans un train, soigneusement bouclé pour éviter les évasions. Nous sommes entassés à plus de cent dans des wagons à bestiaux.

TERMINUS : NEUENGAMME

Ce voyage restera pour moi, comme pour tous les déportés, je crois, le commencement de l'horreur. Quatre jours et quatre nuits à se relayer pour s'asseoir, faute de place pour tous. En guise de toilettes, un petit tonneau près de la porte. On a terriblement soif. La promiscuité et les odeurs rendent l'épreuve encore plus dure. On ne sait pas où l'on va, ni quelle heure il est. Petit à petit, tous nos repères s'envolent. Pourtant, je sens la révolte grandir en moi. Dans la gare de Weimar-Buchenwald, à l'arrêt du train, des enfants nous insultent et nous jettent des pierres. Je pense à mes parents, qui m'ont inculqué le respect de l'autre, quelles que soient ses origines ou sa religion. Au bout de quatre jours et quatre nuits interminables, le train arrive au terminus : Neuengamme, le plus grand camp de concentration de l'Allemagne du Nord.

DES HOMMES D'UNE MAIGREUR EFFROYABLE

Nous descendons des wagons sous les hurlements des SS et les aboiements des chiens. Situé à une

Le camp de concentration de Neuengamme

trentaine de kilomètres de Hambourg, le camp est installé dans une ancienne briqueterie industrielle confisquée à une famille juive allemande. On dirait une ville close électrifiée. Dans cet espace quadrillé à perte de vue, de 100 000 à 120 000 personnes, de 28 nationalités différentes, travaillent, entre autres, pour l'armement allemand. Les miradors, les baraques alignées, tout cela m'est déjà familier. Ce qui l'est moins, ce sont ces crânes rasés, ces vestes rayées, ces hommes en guenilles d'une maigreur effroyable. Ici, les déportés n'ont plus figure humaine. Au loin, on voit une fumée sortir d'une grande cheminée.
Un détenu me confie que c'est le four crématoire, l'endroit où l'on brûle les cadavres. Car ici, beaucoup de gens meurent rapidement, et il faut faire disparaître les corps.
Le commandant du camp arrive dans un uniforme impeccable et nous souhaite la bienvenue à sa manière : « Les nègres, les Juifs et les prêtres, sortez des rangs. Pour vous, c'est terminé. »
Une dizaine de camarades du convoi sortent des rangs. L'un d'eux me regarde. Il vient de Voves, il sait que je suis juif. Je lui dis tout bas : « N'y va pas, et fous-moi la paix. » Après

Partout autour du camp de Neuengamme, les nazis ont installé des barbelés électrifiés pour empêcher les détenus de s'évader. C'est une ville close où règnent la terreur et la mort.

Du haut des miradors, les SS surveillent les déportés, mitraillette au poing. Ils ont droit de vie et de mort sur nous tous, sans avoir de comptes à rendre à personne.

Le triangle rouge, cousu sur la veste que je porte au camp de Neuengamme, en Allemagne, indique que je suis déporté pour raisons politiques. Les SS n'ont sans doute jamais su que j'étais juif.

quelques hésitations, le commandant renvoie dans les rangs les quelques gars terrorisés, ne les jugeant sans doute pas assez nombreux pour faire une « tournée » au crématoire.

« JE SUIS LE NUMÉRO 30 655 »

On nous envoie à la douche. Des kapos, nos gardiens, le plus souvent sélectionnés parmi les voleurs ou les assassins, nous tondent de la tête aux pieds, sans oublier le moindre détail de notre anatomie. On reçoit une petite cuvette émaillée pour la soupe, une veste et un pantalon rayés, et des chaussures à semelles de bois. Puis il faut s'accrocher au cou un matricule : une petite plaque en fer-blanc avec un numéro à apprendre par cœur pour réagir à chaque appel. Sinon, c'est la bastonnade. Je deviens le 30 655.

On nous conduit au « bloc de quarantaine », une baraque isolée, destinée à s'assurer que nous ne sommes pas porteurs de maladies contagieuses. Je n'y reste que quatre jours, car le commandant a besoin d'esclaves pour construire une gigantesque base sous-marine à Brême, à 80 kilomètres de Neuengamme.

Avec d'autres détenus affectés à ce travail, nous partons à Brême-Farge, un camp-satellite de Neuengamme. Là, près de 3 000 déportés de toutes nationalités sont confinés dans un « bunker », une sorte de cuve en béton souterraine. Comme il n'y a pas assez de place pour tous, les Allemands ont établi des équipes de jour et des

« 3 000 déportés de toutes nationalités sont confinés dans un "bunker". À l'intérieur, la puanteur prend à la gorge. »

équipes de nuit. Pendant que les uns dorment, les autres travaillent. À l'intérieur, la puanteur prend à la gorge. Les châlits, des couchettes en bois où l'on dort parfois à trois ou quatre, grouillent de parasites. J'y retrouve plusieurs de mes camarades de Voves. Les repas consistent en une simple soupe au goût d'eau de vaisselle. Il faut aussi lutter contre la maladie et le froid.
Il paraît qu'ici l'espérance de vie ne dépasse pas les trois mois. Tous les jours, des camarades meurent autour de moi.

LE THERMOMÈTRE À −35 °C

À quatre heures du matin, après avoir avalé un jus noirâtre, il faut se soumettre à l'appel, en rangs, sans bouger, pendant des heures, quel que soit le temps. Après, on va à pied à la base sous-marine, à 3 kilomètres de là. Une base grande comme trois terrains de football. On nous fait transporter des sacs de ciment ou de sable et des arceaux de ferraille énormes, sous les

En mai 1944, les nazis m'envoient dans le camp de travail de Brême-Farge. Là, des déportés sont contraints de travailler pour une immense base sous-marine. Cela consiste, entre autres, à mettre en place les arches de béton sur le toit de la base.

cris et les coups des kapos. Cet hiver-là, le thermomètre descend à -35 °C. Nos vêtements ne nous protègent pas du froid. Avec si peu de calories dans le corps, nous sommes réfrigérés. Un jour, nos tortionnaires arrosent un détenu avec un jet d'eau. Immédiatement, il se transforme en statue de glace et meurt de froid. Ça les fait beaucoup rire.

UN COUP DE PIED DANS LE TIBIA DU SS

Malgré l'épuisement, je me répète sans cesse qu'ils n'auront pas ma peau. Tous les jours, et je sais que je ne suis pas le seul, j'essaie de crever des sacs de ciment pour retarder les travaux. La nuit, quand l'aviation alliée approche, les Allemands déclenchent l'alerte aérienne. Les projecteurs du chantier s'allument et s'éteignent plusieurs fois, puis laissent place à la nuit noire.

« Le 6 juin 1944, fous de joie, nous apprenons le succès du débarquement des Alliés en Normandie. »

Une fois où je suis affecté à l'équipe de nuit, une alerte retentit. Près de moi, sur une poutre de bois, à 35 mètres de hauteur, se tient un SS. Dès que la lumière baisse, je tente de lui flanquer un coup de pied dans le tibia pour le faire tomber. Manque de pot, je le loupe. Les projecteurs s'éteignent, puis se rallument. Le SS ne m'a pas vu, je viens d'échapper à la pendaison !
Le 6 juin 1944, fous de joie, nous

La base sous-marine que nous construisons est gigantesque. L'équivalent de trois terrains de football ! Il faut un pont roulant et des grues pour déplacer les arches, qui pèsent plusieurs tonnes.

apprenons le succès du débarquement des Alliés en Normandie.
La Marseillaise se fredonne à mi-voix. Naïvement, nous pensons voir arriver la fin de notre calvaire, sans savoir qu'il va encore durer un an. Exaspérés par notre joie, le soir même, des SS et des kapos emmènent dix-sept de nos jeunes camarades. Nous les entendons hurler toute la nuit. Demain, c'est sûr, on ne les reverra pas. La nouvelle du Débarquement et l'horreur de cette nuit-là donnent à notre lutte un sens encore plus fort : il faut s'accrocher à chaque seconde de vie, pour témoigner, plus tard.
La solidarité ne fléchit pas. Comme dans la clandestinité, on s'aide beaucoup, moralement et physiquement.

Au camp de Brême-Farge, nous sommes environ 3 000 détenus de toutes nationalités. Il faut travailler de douze à quinze heures d'affilée, par tous les temps, y compris par -30 °C.

UN LAPIN POUR MES VINGT ANS

Le 20 juin 1944, c'est la veille de mon anniversaire. Je vais avoir vingt ans. Depuis quelques jours, les SS nous font construire des baraques pour de nouveaux arrivants, sur un autre chantier, un peu isolé. Tout à coup, là, devant moi, ô miracle ! un petit lapin. Si je pouvais l'attraper ! Un coup de pelle et, hop ! il est pour moi. Encore chaud, je le glisse sous ma veste. Personne n'a rien vu. Un lapin pour mon anniversaire, quel cadeau !

Le plus dur reste à faire : passer à travers la fouille. Ça ne manque pas : Alfred, le kapo de notre baraque, remarque la rondeur de ma veste. Il m'arrache le lapin en me promettant de le faire cuire. La nuit suivante, de petits lapins courent dans mes rêves.
Le lendemain, je lui réclame mon festin, et je récolte un déluge de coups. J'aurais dû me douter de sa fourberie.

Mon cadeau d'anniversaire doit déjà reposer dans son estomac. Les larmes me montent aux yeux, la colère à la gorge. Je me reprends : pas question de craquer devant lui. Je serre les dents de toutes mes forces.

SOUS LA BOTTE DU KAPO

En janvier 1945, je suis transféré à Brême-Riespott, un autre camp de 800 à 1 000 déportés, où l'on travaille pour une autre base sous-marine. Le visage familier d'un de mes camarades de Voves m'apporte un vrai réconfort. Il travaille aux cuisines et me donne un bout de pain en cadeau d'accueil. Comme à Brême-Farge, le travail est épuisant et dangereux. Nous sommes affectés au creusement d'une carrière, dans un courant d'air glacial.
C'est un kapo nommé Robert qui nous surveille. Un jour, il me jette à terre en m'écrasant la poitrine avec sa botte. Impossible de me dégager. Son regard cruel ne me lâche pas. En me maintenant sous sa botte, il me demande si je ne suis pas juif. Je lui débite insultes et jurons en français, pour braver ma peur et garder ma fierté. Tout à coup, il lâche en français :
« Si tu m'as menti, j'aurai ta peau. » Il comprend le français ! Pendant des années, il a été boucher aux abattoirs de La Villette. Le salaud !

LA MARCHE DE LA MORT

Le Vendredi saint, avant Pâques, nous entendons des bombardements. Enfin les Alliés ? Depuis le débarquement en Normandie, rien n'a changé pour nous ; au contraire.
Peu à peu, je perds des forces. Souvent je crois ma dernière heure arrivée. Dans les jours qui suivent, la canonnade se rapproche. Nous ne sortons plus du camp. Les SS et les kapos deviennent de plus en plus hargneux et nerveux. Ils nous réunissent sur la place d'appel à tout moment, nous donnant ordres et contre-ordres. Aujourd'hui, l'ordre est le suivant : « Ceux qui peuvent marcher, de ce côté, ceux qui ne peuvent pas, de l'autre. »
Marcher ? En suis-je capable ? Et pour aller où ? Mais ne pas marcher, ça signifie monter dans les wagons qui nous attendent tout près. Avec une

« Marcher ? En suis-je capable ? Et pour aller où ? »

« Depuis le débarquement en Normandie, rien n'a changé pour nous ; au contraire. Peu à peu, je perds des forces. Souvent, je crois ma dernière heure arrivée. »

sorte de pressentiment, je me range du côté des marcheurs. Nous quittons le camp de Riespott un jour d'avril 1945. Commence alors une marche interminable, avec des champs d'herbe humide pour dortoirs, des pissenlits pour tromper la faim. La nuit, on se blottit les uns contre les autres, pour partager le peu de chaleur qui nous reste. Au petit matin, il faut repartir, pieds et jambes broyés. J'avance mécaniquement. Parfois, le claquement d'un revolver brise le silence, à l'arrière du troupeau. Les nazis fusillent ceux qui sont trop faibles pour marcher.

LE TROU DE LA HONTE

Les avions anglais de la Royal Air Force font des apparitions de temps en temps. L'aviation allemande ne riposte pas. Un jour tombe du ciel une pluie de tracts signés Churchill, Staline, Roosevelt, les chefs alliés.
Ils invitent les armées et les populations à cesser les combats. Une force nouvelle circule dans mes veines. Nous arrivons aux abords d'un gros bourg, où stationne un train. On nous fait creuser une fosse. Les wagons offrent un spectacle effroyable : des corps en décomposition s'entassent les uns sur les autres. Ce sont nos camarades de Riespott !
Moi, j'ai choisi de marcher, je suis vivant ; eux, il faut les jeter comme des bêtes dans ce trou.
Jusque-là, j'ai traversé ces années d'emprisonnement et de déportation avec la fierté d'avoir toujours gardé ma dignité d'homme. Jamais je n'ai trahi un camarade. J'ai partagé tout ce que je pouvais, moralement et physiquement. Je suis jeune, ce qui m'a sans doute aidé à me battre.
Là, le désarroi, la révolte, l'impuissance m'envahissent : j'ai l'impression de me rendre complice d'un acte immonde. Toute ma vie, ce « trou de la honte » reviendra dans mes cauchemars.

JETÉS DANS DES BATEAUX

Après ce sale boulot, c'est à notre tour d'occuper les wagons. Direction Neuengamme, le camp central. Un spectacle bizarre nous y attend : tout le monde entre et sort des baraques à sa guise. Pas d'appel, pas de garde-à-vous, un chaos inhabituel.
Le lendemain, les SS nous imposent deux heures de marche, et de nouveau les wagons à bestiaux. Le train s'arrête le long d'un quai où se dressent des grues et où s'alignent des bateaux. Nous arrivons à Lübeck, un grand port sur la mer Baltique.
Une information circule de bouche-à-oreille : Hitler s'est suicidé !
Nous sommes peut-être 10 000 déportés, de toutes nationalités.
Les SS nous entassent dans les cabines et les cales d'un paquebot, le *Cap Arcona*, et dans deux autres bateaux, le *Thielbek* et l'*Athen*. Un quatrième bateau, le *Deutschland*, reste ancré à proximité des autres avec son équipage. Quel voyage se prépare là ? Les SS vont-ils nous saborder au large, ou nous transporter ailleurs ?
J'apprendrai plus tard que Himmler, le troisième personnage du régime nazi, a donné ordre de faire disparaître tous les déportés et toute trace des camps avant l'arrivée des Alliés.
Les avions de la Royal Air Force survolent déjà les lieux.

« Himmler, le troisième personnage du régime nazi, a donné ordre de faire disparaître tous les déportés et toute trace des camps avant l'arrivée des Alliés. »

HORREUR À BORD

Je me retrouve dans une cabine de luxe du *Cap Arcona* avec une vingtaine de déportés, tandis que les autres sont jetés au fond des cales.
Je goûte au confort d'un tapis moelleux, j'ai droit à l'eau potable et aux toilettes. Mais, sans raison apparente, un kapo nous fait sortir de là, pour nous transférer avec quelques autres sur l'*Athen*, un cargo plus petit, équipé d'armements très puissants.
L'*Athen* est resté amarré à un ponton, à Neustadt in Holstein, en baie de Lübeck, pour accueillir d'autres déportés, qui continuent d'affluer.
Comme des marchandises, on nous balance au fond de la cale. Comment

raconter ce cloaque ? 2 000 corps entassés, morts ou vivants, dans la puanteur. Entre la dysenterie, la fièvre, les douleurs d'une colonne vertébrale en bouillie, il me reste peu d'espoir de revoir le ciel. Par miracle, je retrouve une ampoule d'huile camphrée, que m'a donnée un camarade de Brême-Farge, en me recommandant de ne l'utiliser qu'à ma dernière extrémité. Je la bois avec une infinie précaution, pour ne rien en perdre. Mon cœur semble battre mieux.

LES ANGLAIS NOUS BOMBARDENT !

Plongé dans l'obscurité de la cale, j'entends le vrombissement d'un avion, puis les tirs de la défense anti-aérienne de l'*Athen*. L'avion s'éloigne. Peu de temps après, une explosion sourde. Le bateau se met à tanguer. Il faut que je sorte de ce trou ! Avec l'énergie du désespoir, j'arrive à me hisser, grâce à une échelle, jusqu'à une trappe qui donne sur le pont du bateau. Là, des déportés russes déchirent des sacs d'oignons et de farine, empilés contre un mur, et ils dévorent, sans s'inquiéter de la situation. Ce sont des avions anglais qui nous bombardent ! Sans réfléchir, je saisis une corde et me laisse glisser dans l'eau. Elle est glacée. Heureusement, je ne suis qu'à quelques mètres du ponton, où d'autres déportés se sauvent. Après quelques brasses, je sors, épuisé et grelottant. Je reste hagard à la vue d'un tank anglais, tourelle ouverte, et d'un soldat qui nous indique une direction à suivre.

Le 3 mai 1945, dans la baie de Lübeck, l'aviation anglaise bombarde plusieurs bateaux chargés de déportés. Jamais je ne pourrai comprendre les raisons de cette tragédie.

8 000 À 10 000 DÉPORTÉS MASSACRÉS

Ce jour atroce, c'était le 3 mai 1945. L'avion que j'ai entendu du fond de la cale était un avion de reconnaissance anglais. Tout ça, je l'ai appris plus tard. Mais, dès ce soir-là, les questions ont commencé à m'obséder. Comment expliquer cette terrible méprise ? Pourquoi la Royal Air Force a-t-elle bombardé ces bateaux ? Les conventions maritimes internationales obligent pourtant les belligérants à organiser le sauvetage des naufragés. Dans ce drame, personne n'a respecté l'usage. Bilan : entre 8 000 et 10 000 déportés massacrés à cinq jours de la fin de la guerre, qui plus est, par les Alliés. Toute ma vie, je rechercherai la vérité sur cette tragédie.

MOURIR, OUI, MAIS AVEC DES FLEURS !

Le lendemain, des soldats anglais m'emmènent à l'hôpital. Une infirmière me prend dans ses bras comme un paquet fragile. Je pèse moins de 30 kg. Elle me lave avec précaution, comme pour ne pas me casser, puis m'asperge d'insecticide. La crasse et les poux, accrochés depuis des années, ne partent pas d'un coup. L'hôpital manque de tout : de médecins, de médicaments. Survivre relève du miracle. J'ai beaucoup lutté, et je sens soudain que mon corps se vide de sa chaleur. Mon cerveau commence à flancher. Mourir, oui, mais pas comme une bête. Il me faut des fleurs ! Dans un effort que je n'explique toujours pas aujourd'hui, je me mets à ramper de mon lit au jardin. J'aime la nature, j'ai envie de respirer la terre une dernière fois. Les infirmières me cherchent partout. L'une d'elles me ramasse, et moi, tout fier, je lui offre une fleur. Maintenant, je peux mourir en paix. Touchée, elle me prend en affection, et me réserve les rares médicaments de l'armoire à pharmacie. Peu à peu, ma dysenterie se calme et, quelques jours plus tard, je me remets debout. Elle me nourrit

> *« Une infirmière me prend dans ses bras comme un paquet fragile. Je pèse moins de 30 kg. »*

par petites portions. Pendant un an, il faudra ainsi réhabituer mon organisme à manger.
Par crainte des épidémies, les Anglais ont mis tous les hôpitaux en quarantaine. Mais, pour moi, l'enfermement a assez duré. Du jardin, je repère le poste de garde de l'hôpital, les heures d'entrée et de sortie du personnel, avec une idée en tête : m'évader.

450 KM VERS LA FRANCE

Je me mêle au personnel à l'occasion du changement d'équipe, en prenant bien soin de rester le plus discret possible. Je tombe sur des prisonniers de guerre français, qui m'emmènent au centre de rapatriement de Lübeck. Là, on me fait monter dans un camion bâché avec une trentaine de déportés. Un voyage de 450 kilomètres sur des routes défoncées. À chaque secousse, je sens mes os transpercer ma peau. J'observe les visages des autres. Je les trouve anguleux, livides, sans savoir que je suis comme eux. Nous embarquons dans un avion. C'est mon baptême de l'air ! Quelques heures plus tard, nous atterrissons à Bruxelles.

De là, on nous emmène au centre de rapatriement de Lille, pour des formalités administratives et sanitaires sans fin. Le médecin-chef fait le diagnostic : séquelles de tuberculose, séquelles de dysenterie amibienne, lésions à la colonne vertébrale, etc. La liste est longue, mais ma bonne constitution m'aidera à me remettre, dit-il.

Je me suis initié à la peinture au camp de Voves et au camp de Pithiviers, où j'ai passé plusieurs mois avant de partir en déportation. Après mon retour, j'ai suivi l'école du soir des Beaux-Arts, à Paris. Sur cette toile, j'ai voulu évoquer l'horreur du camp. Devant le mur, c'est encore la liberté, au-delà, c'est déjà l'enfer.

Je quitte Lille, avec, en poche, une carte de rapatrié, une fiche de santé et la permission de rentrer chez moi.

« C'EST TOI, L'ONCLE DÉDÉ ? »

J'ai hâte de retrouver Paris, mais j'appréhende le retour : que reste-t-il de ma famille ? Mes petits frères et sœurs ont-ils été épargnés ? À la gare, des femmes-soldats m'attendent pour m'emmener à l'hôtel Lutetia, où l'on enregistre tous les déportés de retour. Je leur demande de s'arrêter avant chez moi, rue Claude-Decaen. La porte du 72 est toujours du même vert pisseux. Tout tremblant, j'entre dans l'appartement de ma sœur Nénette, qui habite là, elle aussi. Sous la table de la cuisine, deux têtes blondes : ses enfants, que je n'ai jamais vus. « C'est toi, l'oncle Dédé ? » Nous nous précipitons dans les bras les uns des autres, en larmes. Nénette me raconte l'arrestation de mes parents, elle-même y a échappé de peu. Henri et Robert ne reviendront pas non plus. Ma sœur Marcelle est veuve de guerre, à vingt-quatre ans. Charles, mon frère aîné, est toujours en vie. Mes petits frères et sœurs aussi, car ils ont été cachés dans des orphelinats ou dans des familles. J'apprends aussi que l'appartement de mes parents a fait l'objet d'un arrêté d'expulsion pour non-paiement des loyers, depuis leur arrestation. Un comble ! Par la suite, je réussirai à le récupérer. Au bout de quelques mois, et après plusieurs séjours à l'hôpital, je m'y réinstalle enfin, avec le reste des miens. Peu à peu, nous parvenons à reformer une cellule familiale.

« La rue Claude-Decaen est redevenue un lieu de vie, de fraternité et de mémoire. »

AVEC LE RESTE DES MIENS

Avant la guerre, avec mes parents et mes frères, on militait dans un mouvement social issu du Front populaire. Il y avait des gens du quartier, dont un couple avec une petite fille, Jeannine, qui me paraissait très jeune : elle avait six ans de moins que moi. À 14-15 ans, ça compte. À mon retour de déportation, je la retrouve, et j'apprends que son père et son grand-père ont été fusillés en 1942. Elle est devenue un beau brin de fille. Ensemble, nous nous inscrivons

Nous sommes mariés, Jeannine et moi, depuis le 3 janvier 1948. Elle m'a toujours aidé et soutenu avec une patience qui m'émeut encore aujourd'hui. Avant la guerre, nous nous connaissions déjà, mais c'était encore une petite fille.

aux « Jeunesses républicaines de France ». Il nous faut peu de temps pour comprendre que nous avons bien d'autres choses à partager.
Le 3 janvier 1948, nous nous marions, et elle vient officiellement rejoindre la tribu, qui compte maintenant huit personnes. Les chambres sont transformées en dortoirs. Tout le monde dort sur des lits de camp. Peu importe. Chacun fait son nid, avec du chagrin, des souvenirs, des manques, mais toujours beaucoup de tendresse et d'amour. La rue Claude-Decaen est redevenue un lieu de vie, de fraternité et de mémoire.
Dès la fin de la guerre, beaucoup de familles recherchent des proches, dont ils sont sans nouvelles. Je suis souvent sollicité au sujet de ceux qui étaient à Neuengamme, à Brême-Farge ou Brême-Riespott, ou encore sur l'un des quatre bateaux dans la baie de Lübeck. J'aide à retrouver leur trace ou, malheureusement, à confirmer leur décès. Toute ma vie, je témoignerai, autour de moi et auprès des jeunes, dans les collèges et les lycées. Au nom de tous mes camarades disparus, et pour qu'une telle horreur ne se reproduise pas.

André Migdal

André Migdal était membre du partie communiste français et militant dans de nombreuses associations de déportés résistants. Il a témoigné sans relâche et publié plusieurs poèmes. Il est décédé le 19 février 2007.

LES CAMPS DE CONCENTRATION

L'ALLEMAGNE EN CRISE

À partir de 1929, une grande crise économique frappe le monde. Les entreprises ferment, les prix montent, le chômage augmente. L'Allemagne n'est pas épargnée et compte, en 1935, huit millions de chômeurs. La population désespère et se dit que le pays ne va jamais se relever. Quelques années plus tôt, le 28 juin 1919, l'Allemagne a vécu le traité de Versailles, qui mettait fin à la Première Guerre mondiale, comme une terrible humiliation. Il lui a imposé de réduire son armement, de céder une partie de ses territoires et de verser des sommes énormes aux pays vainqueurs, notamment la France et la Grande-Bretagne. Aussi, dans les années 1930, de nombreux Allemands, appauvris, inquiets, recherchent-ils un leader puissant, porteur d'une fierté nationale, et se laissent séduire par les théories d'Adolf Hitler.

Le chômage : une des conséquences de la crise. À Hanovre, devant un bureau pour l'emploi, une file d'attente sans fin.

L'ASCENSION D'ADOLF HITLER

Hitler face à la foule en 1938.

Hitler est né en Autriche en 1889. Artiste raté, il s'engage en 1914 dans l'armée. Humilié par la défaite, sans avenir professionnel, il se lance dans la politique et prend en main le Parti ouvrier allemand, un petit groupe aux idées ultranationalistes, qu'il développe grâce à ses dons d'orateur et de propagandiste. Bientôt, son organisation prend le nom de « Parti national-socialiste des travailleurs allemands ». Ce parti nazi compte, en 1932, 230 députés, devenant ainsi le groupe le plus important au Reichstag, le parlement allemand. L'Allemagne continue de s'enfoncer dans la crise sans que les gouvernements successifs trouvent de solution. Le président Hindenburg finit par nommer Hitler chancelier (chef du gouvernement) en janvier 1933.

TROUVER UN BOUC ÉMISSAIRE

Pour Hitler, c'est à cause des Juifs que l'Allemagne a perdu la guerre. Il les accuse de vouloir exercer une « tyrannie suprême sur le monde entier ». Il veut donc mener une lutte à mort contre ceux qui représentent pour lui le mal absolu. En Europe, où vivent neuf millions de Juifs, cette haine, l'antisémitisme, existe un peu partout. Hitler s'appuie sur des idées qui, depuis des siècles, stigmatisent les Juifs et il utilise le peuple juif comme un bouc émissaire, le rendant responsable de tous les maux. Malgré leur caractère excessif, délirant, ses propos trouvent un écho favorable dans la population.

Hitler est nommé chef du gouvernement en janvier 1933.
À Dortmund, le 9 juillet de la même année, il annonce l'élimination des juifs d'Europe.

UNE RACE PURE, DES RACES IMPURES

Dans son livre *Mein Kampf* (« Mon combat »), écrit en 1924, Hitler défend le principe d'une race supérieure à toutes les autres. Pour lui, la population germanique, dont font partie les Allemands, est l'exemple le plus parfait de la pureté de cette race, qui, à ce titre, doit soumettre ou éliminer les races « inférieures », comme les Tziganes, les Slaves, les Noirs. Les handicapés mentaux allemands sont eux aussi jugés indignes de vivre. Mais ce sont les Juifs qui sont considérés comme la race la plus impure. Pour les désigner, Hitler emploie les termes de « souillures » ou « empoisonneurs du sang des autres ».

L'ALLEMAGNE SOUS LA DICTATURE

Le 27 février 1933, un incendie dévaste le Reichstag, le parlement allemand. Hitler accuse les communistes, puis profite de l'occasion pour se faire voter les pleins pouvoirs, un mois plus tard. Désormais, il peut faire des lois sans s'en remettre au Parlement, ni au président. Il s'appuie sur une police politique redoutable, la Gestapo, interdit les syndicats et les partis politiques. Le parti nazi est désormais parti unique. La jeunesse, que Hitler veut « brutale, impérieuse et cruelle », est endoctrinée. Les discours officiels s'accompagnent de mises en scène grandioses. La presse, la radio, le cinéma sont censurés. La dictature absolue règne sur l'Allemagne.

400 LOIS POUR EXCLURE LES JUIFS

La répression contre les Juifs s'organise. L'antisémitisme est devenu une doctrine officielle. Goebbels, ministre de la Propagande et de l'Information, lance une vaste campagne de boycott des commerces tenus par les Juifs. Entre 1933 et 1939, les nazis édictent 400 lois privant les Juifs de leurs droits civils et économiques. Parmi elles, les lois de Nuremberg, qui interdisent les unions entre Juifs et non-Juifs. En outre, on retire aux Juifs la nationalité allemande.
Ils n'ont plus le droit d'exercer leur métier, d'envoyer leurs enfants à l'école, d'aller au théâtre, à la piscine, ou au concert. Tous leurs biens sont confisqués par l'État. Pour beaucoup, une seule issue s'impose : l'exil. Entre 1935 et 1938, près de 150 000 Juifs (sur 500 000) quittent l'Allemagne.

À partir du 1er avril 1933, le parti nazi instaure un boycott contre les Juifs : sur cette pancarte placée devant le magasin juif Tietz à Berlin, on peut lire : « Allemands ! Défendez-vous ! N'achetez pas aux Juifs ! »

En 1933, à Berlin, dans le quartier des Juifs étrangers, des policiers interrogent un vieil homme.

Une autre boutique tenue par des Juifs à Berlin et condamnée par le régime nazi.

QUI EST JUIF ?

Pour pouvoir appliquer toutes ces lois, les autorités au pouvoir ont dû définir qui est juif. Déjà, des théories aberrantes sur les caractéristiques physiques supposées des Juifs se sont développées. On a procédé à des mesures de nez, d'oreilles... Enfin, un arrêté officiel, pris le 14 novembre 1935, affirme : « Est juif celui qui est issu d'au moins trois grands-parents juifs. Est juif celui qui appartient à la communauté religieuse juive. »
Une définition suffisamment large pour englober un maximum de personnes. Ces dernières subissent alors une discrimination officielle.
La population, victime d'endoctrinement et de terreur, ne réagit pas.

Affiche du film de propagande antisémite *Le Juif éternel*, 1940.

LA NUIT DE CRISTAL

Dans la nuit du 9 au 10 novembre 1938, dans tout le pays, des groupes nazis en civil font irruption dans les logements des Juifs et y dévastent tout. 7 000 magasins sont pillés, 267 synagogues incendiées, les cimetières profanés. 91 Juifs sont assassinés, des femmes violées. Des centaines de Juifs se suicident et 35 000 sont envoyés en camps de concentration : des camps de détention et de travaux forcés. Le lendemain, les débris de verre des vitrines cassées jonchent le sol, d'où le nom de « Nuit de cristal ». Le gouvernement décide de frapper la population juive du pays d'une amende collective d'un milliard de marks. Officiellement présentée comme la « juste colère du peuple allemand » à la suite de l'assassinat d'un de ses diplomates par un jeune Juif, la Nuit de cristal est en fait une opération montée de toutes pièces par Goebbels.

À Berlin, la vitrine brisée d'un magasin juif pillé, au lendemain de la Nuit de cristal.

LE REICH S'AGRANDIT

Hitler rêve de bâtir un grand empire sous son autorité, le « Grand Reich ». Il veut tout d'abord annexer les régions peuplées de personnes de langue allemande, puis conquérir des territoires à l'est sur les Slaves. Son but est de donner ainsi au peuple allemand l'« espace vital » dont il a besoin. L'Autriche est annexée en mai 1938. Puis ce sont les Sudètes (partie ouest de la Tchécoslovaquie) qui sont abandonnés à l'Allemagne avec l'accord de la France et de l'Angleterre (accords de Munich). En mars 1939, c'est au tour des provinces tchèques de Bohême et de Moravie d'être occupées par l'armée allemande. Enfin, le 1er septembre 1939, Hitler envahit la Pologne. La France et la Grande-Bretagne déclarent alors la guerre à l'Allemagne. Mais Hitler a eu le temps de bâtir une armée puissante et de renforcer ses alliances. Il occupe le Danemark et la Norvège et quelques semaines lui suffisent pour envahir la Belgique, le Luxembourg, les Pays-Bas et la France.

LA FRANCE COLLABORE

Dès 1940, le gouvernement de Vichy édicte de sa propre initiative, sans aucune pression allemande, des lois antijuives. Les citoyens juifs français perdent l'essentiel de leurs droits. Les professeurs et instituteurs juifs sont ainsi chassés de leur travail. Des milliers de Juifs étrangers sont, dès l'automne 1940, internés dans des camps français situés dans la zone non occupée. Pendant ce temps, les autorités allemandes prennent, en zone occupée, des mesures antijuives comme, en mai 1942, l'obligation, pour tous les Juifs de plus de six ans, de porter, bien visible, sur le côté gauche de la poitrine, une étoile jaune. Quand, début 1942, les nazis décident l'extermination systématique de tous les Juifs d'Europe, le gouvernement de Vichy, qui a choisi depuis 1940 de « collaborer » avec l'occupant, met l'administration française au service de la « solution finale ». C'est le camp de Drancy, au nord de Paris, qui sert à rassembler les Juifs avant leur départ pour les camps d'extermination.

Un café parisien interdit aux Juifs.

Les soldats nazis arrêtent des familles juives dans le ghetto de Varsovie, en 1943.

LES TRANSFERTS ET LES GHETTOS

Les victoires militaires allemandes ont une conséquence paradoxale. L'annexion de ces territoires amène un nombre croissant de Juifs dans le Reich (185 000 en Autriche, 3,3 millions en Pologne). Pour les responsables nazis, une telle situation est intolérable, ils estiment que les mesures de discrimination et d'exclusion prises jusqu'alors à l'encontre des Juifs sont devenues insuffisantes. À partir de 1939, l'acharnement contre les Juifs va s'intensifier. Les dirigeants nazis veulent rassembler tous les Juifs de Pologne dans une « réserve » près de Lublin. Ils entreprennent aussi de rassembler et d'envoyer en Pologne les Juifs d'Allemagne, d'Autriche, de Bohême et de Moravie. Ces transferts forcés s'effectuent durant l'hiver 1939-1940, dans des conditions terribles. Les premiers ghettos sont constitués dans les mois qui suivent. À Lodz, en avril 1940, puis à Varsovie, Cracovie, Lublin, Czestochowa. Ce sont des quartiers fermés où sont entassés les Juifs et où ils meurent, par dizaines de milliers, de froid et de faim.

13 décembre 1941 : à la gare de Bielefeld, en Allemagne, des Juifs attendent pour monter dans les wagons : ils partent en déportation.

Dès 1942, les Juifs sont obligés de porter une étoile jaune.

FUSILLÉS SANS JUGEMENT

Le 22 juin 1941, les Allemands envahissent l'Union soviétique. Les autorités nazies créent des forces spéciales, les Einsatzgruppen, des « groupes d'intervention » qui, à l'arrière des armées, ont pour mission de fusiller, sans jugement, les cadres du parti communiste et les Juifs. Ces massacres se produisent dans des milliers de villes et de villages en URSS, mais aussi en Pologne.

Ils font 1,3 million de morts entre juin 1941 et décembre 1942. L'extermination systématique des Juifs d'Europe a débuté, mais ces massacres sont trop voyants. Les nazis commencent alors, à Chelmno, en Pologne, à l'automne 1941, à utiliser des camions à gaz : les victimes sont asphyxiées avec les gaz d'échappement de moteurs de camions dirigés à l'intérieur des véhicules.

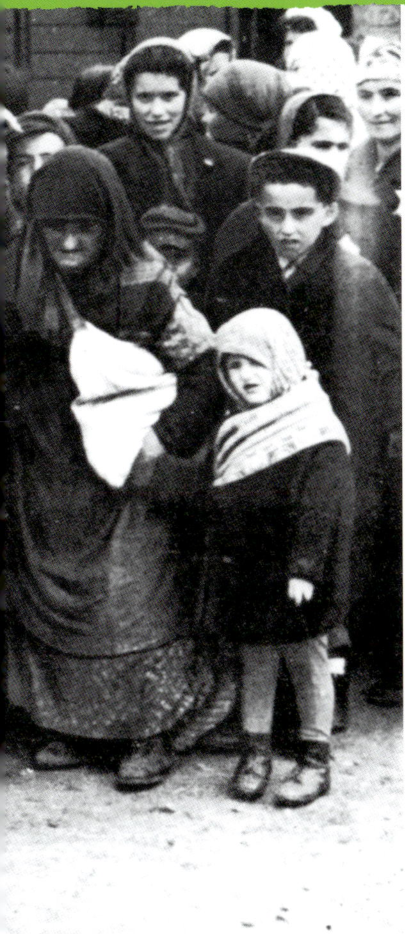

LA SOLUTION FINALE

Le 31 juillet 1941, un proche de Hitler, Goering, demande, dans une lettre, au chef de la police, Heydrich, d'entreprendre des préparatifs pour aboutir à la « solution finale » de la « question juive ». Il envisage alors une victoire rapide et totale de l'Allemagne sur l'URSS et prévoit de déplacer, très loin à l'est, tous les Juifs d'Europe. En septembre, Hitler décide que ces populations déplacées à l'est ne seront pas expulsées une fois la guerre terminée, mais devront disparaître définitivement. Le 20 janvier 1942, à Wannsee, dans les faubourgs de Berlin, une conférence définit la méthode. Tous les Juifs d'Europe centrale et occidentale doivent être transférés vers la Pologne, où ils seront exterminés. Les Juifs de Pologne seront tués sur place : c'est « l'opération Reinhardt », qui débute en mars 1942.

LA RAFLE DU VÉL' D'HIV'

Symbole de la participation de l'administration française à l'extermination des Juifs, la grande rafle du Vél' d'Hiv' a lieu les 16 et 17 juillet 1942 à Paris. René Bousquet, chef de la police, a mobilisé 3 000 policiers pour arrêter 30 000 Juifs. Mais les nouvelles de la rafle ont filtré. Beaucoup se sont cachés. La police ne trouve « que » 13 000 Juifs, en majorité des femmes et 4 000 enfants. Les Allemands n'avaient pas encore prévu d'arrêter en France les enfants et ceux-ci sont envoyés dans les camps d'internement de Pithiviers et Beaune-la-Rolande. Mais le bras droit du maréchal Pétain, Pierre Laval, propose aux Allemands de leur livrer ces enfants dont les parents ont souvent déjà été déportés. Tous, parents et enfants, seront déportés et gazés au camp d'Auschwitz-Birkenau. Au total, en France, de 1942 à 1944, sur 350 000 Juifs, 75 000 ont été déportés. Moins de 3 000 ont survécu.

LES CAMPS D'EXTERMINATION

Les autorités nazies décident de « passer l'Europe au peigne fin » de l'ouest vers l'est. Dans tous les pays, les Juifs sont raflés et transportés dans des conditions abominables, jusqu'aux camps d'extermination. Ces camps n'ont pas d'autre finalité que le massacre à grande échelle des Juifs. On compte six camps d'extermination, tous situés en Pologne : Chelmno, où plus de 220 000 personnes vont mourir ; Belzec, qui fera 580 000 victimes ; Sobibor, où 250 000 Juifs vont être gazés, et Treblinka, où vont périr 750 000 Juifs. À ces quatre centres de mise à mort s'ajoutent les deux « camps mixtes » (à la fois camps de concentration et d'extermination) de Maïdanek (170 000 morts) et d'Auschwitz-Birkenau. Une fois arrivés dans ces camps, on rassemble les Juifs dans des pièces, des chambres à gaz, où l'on fait pénétrer un gaz mortel, le zyklon B. Puis leurs cadavres sont brûlés dans des fours crématoires. Une véritable industrie de la mort, organisée, systématique, se met en place. Les dents en or, les cheveux sont récupérés pour être transformés et réutilisés.

Dans les camps, ici à Auschwitz en 1943, chaque détenu est enregistré et photographié.

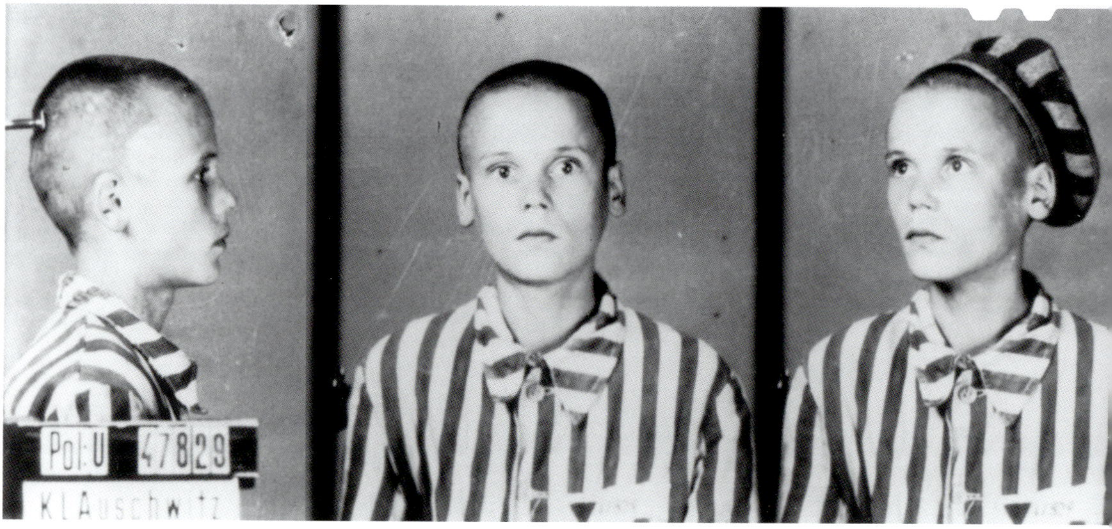

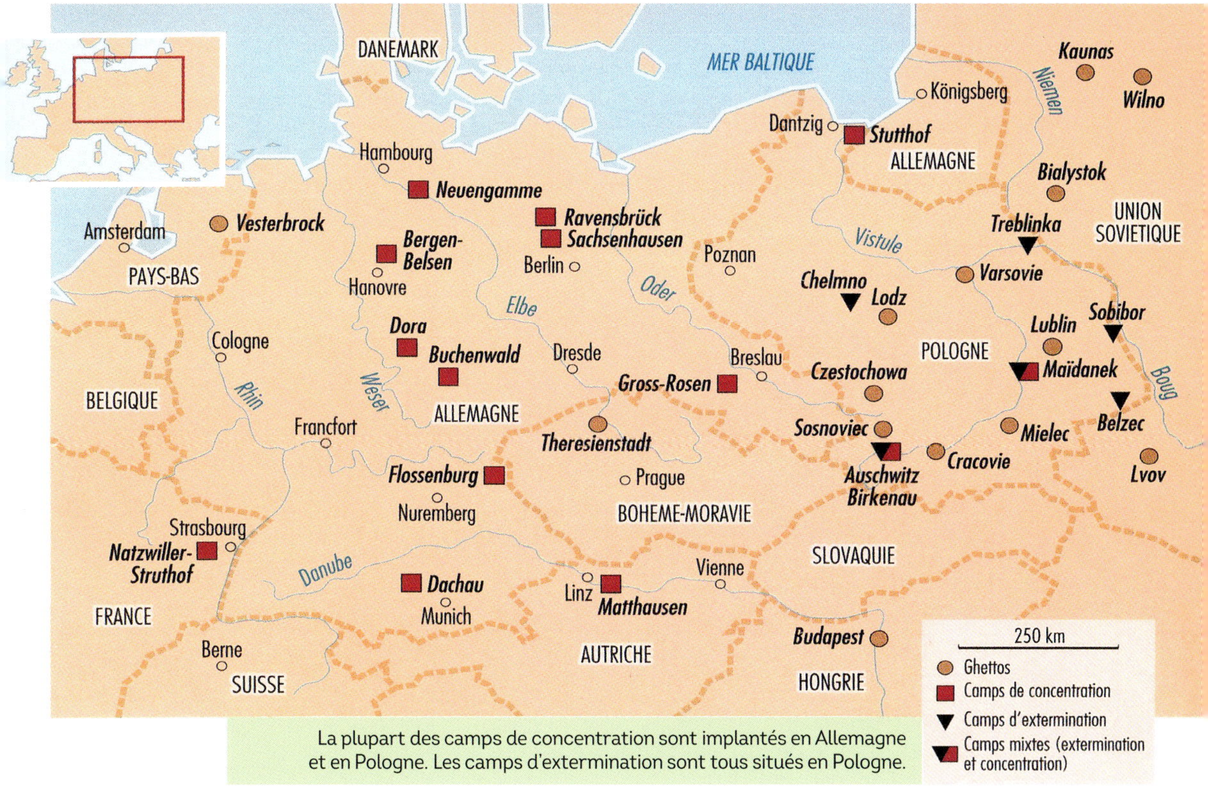

La plupart des camps de concentration sont implantés en Allemagne et en Pologne. Les camps d'extermination sont tous situés en Pologne.

AUSCHWITZ, L'USINE DE LA MORT

Auschwitz, une petite ville de Pologne reliée au pays par un vaste réseau de voies ferrées, abrite, depuis mai 1940, un camp de concentration, c'est-à-dire un lieu de détention et de répression, pour les individus jugés dangereux : opposants politiques, Juifs, délinquants... Ces derniers constituent une main-d'œuvre quasi gratuite pour les entreprises industrielles alentour. Tout un réseau de ce type de camps a été installé dès mars 1933 dans le Reich puis dans les pays occupés. Le camp de concentration d'Auschwitz devient aussi à partir de 1942 le plus important des camps d'extermination de Juifs. Des scientifiques, des médecins participent au massacre (toutes sortes d'expériences sont pratiquées sur les prisonniers du camp). 1,1 million de personnes vont y être assassinées.

LA CATASTROPHE

Au printemps 1945, un an après le débarquement, les Alliés libèrent les camps, dans un mélange d'horreur et de honte. Le général Eisenhower, commandant en chef des Forces alliées, déclare avoir subi « le plus grand choc de sa vie ». Sur les neuf millions de Juifs que comptait l'Europe au début de la Seconde Guerre mondiale, près de six millions ont été assassinés par le système nazi. C'est la « Shoah », la « catastrophe », en hébreu.

Des prisonniers travaillant dans le camp de concentration d'Auschwitz-Birkenau, en 1944.

Des prisonniers du camp de Dachau, notamment des enfants, acclament les troupes américaines qui les libèrent, en 1945.

Assis sur le banc des accusés, lors du procès de Nuremberg, on reconnaît à gauche Hermann Goering, avec des lunettes noires, et Rudolf Hess, à ses côtés.

UN « CRIME CONTRE L'HUMANITÉ »

Après la guerre, du 18 octobre 1945 au 1er octobre 1946, à Nuremberg, un tribunal international juge vingt-deux hauts responsables du régime nazi. Pour la première fois dans l'Histoire, est définie la notion de « crime contre l'humanité ». C'est « l'assassinat, la déportation et tout acte inhumain contre toutes les populations civiles ou bien les persécutions pour des motifs politiques, raciaux ou religieux (...) ». Le génocide dont ont été victimes les Juifs est bien un crime contre l'humanité. Dix-neuf responsables nazis sont déclarés coupables et exécutés. Mais plusieurs échappent à la justice en se suicidant (dont Hitler et son bras droit, Himmler, ainsi que Goebbels, ministre de la Propagande).

DES PROCÈS EN FRANCE

En France, après la Libération, les principaux dirigeants de Vichy comparaissent devant la Haute Cour de justice. On juge surtout leur « trahison » au service de l'Allemagne. Mais le sort des Juifs n'est qu'à peine évoqué. Le maréchal Pétain, condamné à mort, est finalement gracié par le général de Gaulle, et sa peine est commuée en détention à vie. Mais Pierre Laval, son bras droit, et Joseph Darnand, le chef de la milice, sont fusillés.

Il faut près de cinquante ans pour qu'éclatent des affaires mettant en cause d'anciens fonctionnaires du régime de Vichy qui ont réussi à faire oublier leurs crimes. Paul Touvier, ancien chef de la milice de Lyon, est condamné à l'emprisonnement à vie. Maurice Papon, haut fonctionnaire à Bordeaux, est condamné à 10 ans de prison pour « complicité de crimes contre l'humanité ».

C'est seulement en 1995 que le Président de la République, Jacques Chirac, reconnaît officiellement le rôle de l'administration française dans l'extermination des Juifs de France.

LE PROCÈS BARBIE

En 1971, Klaus Barbie, l'ancien chef de la Gestapo de Lyon, est identifié en Bolivie, où il vit sous un faux nom. Il sera expulsé vers la France en 1983, et enfermé près de Lyon, à l'endroit même où il a torturé Jean Moulin, le principal chef de la Résistance en France, des centaines d'autres opposants et de Juifs. Son procès commence le 11 mai 1987. C'est la première fois qu'en France, un homme comparaît pour crime contre l'humanité. Les survivants qui témoignent à la barre, dont Simone Lagrange, revivent l'épouvante des tortures infligées, physiques et morales. Pour les générations qui n'ont pas connu la guerre, c'est l'occasion de prendre conscience des crimes nazis, car ce procès, exceptionnellement, est filmé et diffusé à la télévision. Klaus Barbie sera condamné à perpétuité. Il meurt en prison en 1991.

CHRONOLOGIE

LES GRANDES ÉTAPES DE LA PERSÉCUTION NAZIE CONTRE LES JUIFS

1929 : début de la crise économique mondiale.
Janvier 1933 : Adolf Hitler est nommé chancelier de l'Allemagne.
1935 : lois de Nuremberg légalisant la discrimination contre les Juifs.
9-10 novembre 1938 : Nuit de cristal.
1er septembre 1939 : l'Allemagne envahit la Pologne. Début de la Seconde Guerre mondiale.
Hiver 1939/40 : transferts forcés de Juifs d'Allemagne, d'Autriche, de Bohême et de Moravie vers la Pologne.
1940 : constitution de ghettos à Lodz, Varsovie, Cracovie, Lublin, Czestochowa.
10 mai 1940 : l'armée allemande envahit la France par le nord.
22 juin 1940 : signature d'un armistice entre la France et l'Allemagne. La France est coupée en deux : la zone occupée au nord, la zone libre au sud.
Octobre 1940 : création du ghetto de Varsovie.
Août 1941 : création des premiers camps d'extermination.
Automne 1941 : utilisation de camions à gaz pour asphyxier les Juifs d'Europe à Chelmno, en Pologne.
1942 : Auschwitz devient un camp d'extermination.
20 janvier 1942 : conférence de Wannsee. Établissement des plans définitifs de la « solution finale », c'est-à-dire l'extermination de tous les Juifs d'Europe.
Mars 1942 : opération Reinhardt : déportation de Juifs de Pologne vers les camps d'extermination.
Mai 1942 : en France, obligation pour les Juifs de plus de six ans de porter une étoile jaune sur le côté gauche de la poitrine.
16-17 juillet 1942 : rafle du Vél' d'Hiv'.
Janvier 1943 : insurrection du ghetto de Varsovie.
6 juin 1944 : débarquement en Normandie.
Printemps 1945 : libération des camps par les Alliés.
30 avril 1945 : Hitler se suicide.
3 mai 1945 : l'aviation anglaise bombarde des bateaux chargés de déportés dans la baie de Lübeck.
8 mai 1945 : capitulation de l'Allemagne.
18 octobre 1945 : ouverture du procès de Nuremberg.

INDEX DES NOMS DE PERSONNES

INDEX GÉNÉRAL

TABLE DES MATIÈRES

DANS LA MÊME COLLECTION

J'ai vécu le débarquement en Normandie

J'ai vécu la Première Guerre mondiale